Mompreneure & Couches-Culottes

Audrey BELLEAU

ISBN : 978-2-38164-000-6

Audrey BELLEAU

Mompreneure & Couches-Culottes

Mompreneure & COUCHE-CULOTTES

Table des matières

À propos de l'auteure

Audrey, entrepreneure du Web depuis plus de dix ans et auteure du blog Boss & Maman, s'est fixé pour mission de vous permettre de vous épanouir dans plusieurs aspects de votre vie.

Dans le cadre de ce livre, elle vous offre, sa méthode pour vous permettre de créer et de bâtir une entreprise en ligne prospère, qui corresponde à vos valeurs.

Vous êtes une femme active et vous avez cruellement envie de changer de métier ou simplement, envie d'exercer une activité professionnelle ?

Vous avez toujours voulu créer un site et travailler en ligne mais n'avez jamais su par où commencer ?

Vous en avez assez d'être réduite à « c'est la femme de... » et assez que vos compétences ne soient pas reconnues ?

Vous souhaitez passer plus de moments de qualité avec vos enfants et pour autant, ne pas vous métamorphoser en pantouflarde-maman-au-foyer ?

Vous n'en pouvez plus de stresser vos enfants le matin au moment de les préparer pour l'école ?

Vous ne voulez plus avoir à choisir entre vous

rendre à un rendez-vous d'affaires et aller au ciné avec vos enfants ?

Vous avez une passion qui vous fait vibrer et vous voudriez la partager !

Vous détenez des compétences qui vous rendent unique et vous souhaitez les mettre à disposition sans bouger de votre salon !

Tout est cool dans votre vie, mais ce que vous venez de lire vous rappelle... une amie.

En d'autre termes ? Restez concentrée !

Au fil des pages que vous vous apprêtez à tourner, Audrey partage, rien que pour vous, les secrets et les trésors de la Stratégie en dix étapes qu'elle a développée pour devenir une femme inspirante, gagner de l'argent grâce à Internet en exploitant une passion tout en partageant des instants de qualité avec ses enfants et ses proches – un bilan que, bientôt, vous ferez à votre tour !

Maman de trois filles, Audrey a toujours voulu « se mettre à son compte » pour remplir, autant que possible, son rôle de parent et son rôle d'épouse en demeurant à l'écoute de ses propres besoins.

Avis sur l'auteure

« Je tiens à remercier Audrey pour tous les bons conseils qu'elle m'a donnés et pour le temps si précieux qu'elle m'a accordé... et ce n'est pas fini. Cette femme est une pépite, intelligente et douée ! Quel que soit le sujet abordé (business, éducation des enfants, entretien du foyer et vie du couple, beauté de la femme...), elle maîtrise.

Continue comme ça, Audrey ! Véhicule ton savoir et tes conseils si précieux, qui nous permettent d'avancer. »

Chantal Novarre, Guadeloupe, Antilles.

Assistante de Gestion et Investisseuse Immobilière

« Tellement d'infos riches aux contenus assez... époustouflants ; des astuces fantastiques comme, par exemple, comment créer plus de 200 articles Web à publier sur un an... en quelques minutes (oui, oui, pas d'erreurs, vous avez lu 200) !

Des ondes positives et une énergie formidable. De l'organisation aux astuces de production efficace et de haute qualité. Voilà ce qu'on peut attendre d'Audrey ! Dire que je pensais délaisser mon projet de blog par manque de temps et me focaliser sur une chaîne Youtube !

Grâce aux conseils d'Audrey, je sais maintenant qu'il est possible de transformer ses articles en vidéos. Je suis gonflée à bloc. Milles mercis à toi. »

Muriel Chauderon, Caraïbes.

Fondatrice de Nounou Express

« Ma rencontre avec Audrey a été une révélation de mon potentiel.

Elle a su faire ressortir les avantages aussi bien que les inconvénients concernant la réalisation de mon projet – les uns comme les autres étaient flous jusqu'à notre entretien. Depuis, j'ai une vision claire de mon objectif. »

Ludovic Totil, Martinique.

Ostéopathe et Thérapeute Émotionnel

« Rencontrer les bonnes personnes au bon moment... Mon entrevue avec Audrey n'a duré que quelques minutes mais à été déterminante dans l'avancée de mon projet.

Elle a rapidement compris les problématiques que je rencontrais et a su proposer LA solution efficace pour dénouer mon point d'achoppement principal et enfin, me permettre passer à l'étape de la vente de mon produit en minimisant mes coûts.

Son expérience, son écoute active et sa bienveillance furent les maîtres-mots de cet échange qui m'a offert le boost nécessaire à la matérialisation de mon projet et me permet, aujourd'hui encore, de poursuivre sur cet élan. »

Vanessa Laguerre, Caraïbes.

Responsable Marketing, Auteure du livre Frisé, Défrisé, Locksé

« Ma rencontre avec Audrey a été très constructive, enrichissante et exceptionnelle.

Elle a été mon mentor lors de mon étude de marché concernant la création de mon activité – sur les rails depuis bientôt un an et qui est, d'ailleurs, en pleine expansion. »

Élodie Mormin, Caraïbes.

Mandataire Administrative, Fondatrice de l'Assistante Caribéenne

« J'ai eu la chance de rencontrer Audrey à un moment décisif de ma vie.

Grâce à ses conseils, j'ai découvert ce que je voulais réellement faire et je suis parvenue à œuvrer dans ce sens, pour mon bien-être et mon épanouissement.

Son écoute active et sa bienveillance m'encouragent à aller de l'avant dans mon projet. »

Aurélie Dorival, Martinique, Caraïbes.

Globe-Trotteuse, passionnée d'Histoire

Pourquoi vous devez lire ce livre !

Créer son entreprise est une véritable aventure dans laquelle il est recommandé de ne pas se lancer sans avoir endossé de parachute. Quand j'ai pris la décision de développer mon activité exclusivement sur Internet, j'y suis allée à tâtons. Il n'y avait personne, dans les débuts qui, près de moi, se mobilisait pour me dire si ce que je faisais était correct ou pour mettre en valeur les axes par lesquels j'aurais pu améliorer mes actions.

Six ans durant, j'ai progressé à l'aveugle pour ce qui était d'écrire, d'animer, de promouvoir mon blog ; cela avant de comprendre qu'il était nécessaire, pour réussir, que je me forme... auprès des meilleurs.

En 2015 donc, j'ai intégré un Mastermind, composé de plusieurs entrepreneurs aguerris. Napoleon Hill, auteur de nombreux best-sellers, définit le concept du Mastermind comme la coordination des connaissances et de l'effort de deux ou plusieurs personnes, qui travaillent vers des buts définis, dans un esprit d'harmonie.

Auprès de ces gens, je me suis formée, j'ai appris à me structurer, je me suis enrichie intellectuellement, j'ai réalisé le potentiel qui était le mien et ce que je pouvais offrir au monde.

Il est douloureux pour moi d'entendre, dans mon entourage, parler des mamans qui disent se sacrifier pour faire plaisir à leurs proches ou encore, de voir ce qu'il en est de celles qui sont réduites à endurer deux heures de trajet matin et soir pour se rendre au travail et décrocher pour tout salaire, à peine plus du SMIC. Comment rester insensible à tant de mal-être ? Cela m'est impossible.

Vous devez lire ce livre pour comprendre qu'il est réaliste de travailler depuis chez soi, qu'il est réaliste de vivre de sa passion, qu'il est encore plus réaliste de gagner de l'argent grâce à Internet.

Rien ne vous oblige à lire ce livre dans l'ordre. Ouvrez-le, en vous aidant du sommaire, à l'étape qui vous intéresse. Pourquoi ? Parce qu'il se peut qu'à ce moment précis de votre parcours, vous ayez besoin justement d'apprendre ou d'approfondir ce qu'on y développe et d'appliquer ce que vous avez assimilé – sinon, pour quel raison ce titre aurait-il suscité votre attention ?

Votre réussite viendra, ensuite, à la mesure de votre capacité à implémenter les informations communiquées et sera fonction de la rapidité avec laquelle vous le ferez. Il ne servirait à rien à qui que ce soit de lire cet ouvrage s'il n'a pas le projet de mettre en pratique ce qu'il apprend.

J'ai conçu ce livre pour vous permettre de passer à l'action.

Devenez, dès aujourd'hui, le PDG de votre vie et nous trinquerons ensemble à votre succès !

Dédicace

J'ai écrit ce livre pour vous ; pour vous faire découvrir qu'il est possible, aujourd'hui plus que jamais, de vivre de votre passion et ce, en l'espace de seulement trois mois !

Grâce à Internet, par la création d'une activité en ligne, c'est un rêve qui devient réalité.

Je dédie ce livre à la détermination et à la grâce qui sommeillent en vous, dans l'espoir que ces mots vous touchent et vous incitent à vous révéler en tant que femme pleinement accomplie.

Avec toute mon affection,

Audrey Belleau

Remerciements

Je remercie Marie Forleo, Sylvain Carufel, Sébastien Knight et Atila Pongor-Juhász, dont les parcours m'ont inspirée.

Je remercie Éric Behanzin, Sabrina Rantin, Isabelle Chopin, Myriam Hoffman, Maryse Lehoux, Joel Bernard, David Breysse et Leandro Lohazic pour leurs précieux conseils dispensés lors de nos rencontres Mastermind. J'ai puisé en nos échanges la force et la détermination d'aller toujours plus loin pour entendre cette voix en moi, qui résonne et me conduit droit au but.

Je remercie ces femmes inspirantes que sont Lupita Nyonhg'o, Michelle Obama, Oprah Winfrey ou encore Jada Pinkett Smith, pour leur authenticité, leur charisme, leur dévotion dans leurs missions. Elles sont pour moi de véritables modèles et sources d'inspirations qui me poussent à me surpasser.

Je remercie mes parents pour leur soutien indéfectible depuis toujours, mes ami.e.s de longue date présents à chaque événement important et toutes les personnes formidables que j'ai rencontrées et qui m'ont aidée, à leur façon de voir la vie sous plusieurs angles.

Je remercie mon mari Fabrice Billard pour m'avoir sortie de ma zone de confort. Merci également à mes trois anges de me rappeler tous les jours comme elles sont fières de moi. Merci pour vos délicieux éclats de rire.

Merci à l'Univers car je crois que tout arrive pour une raison, à nous de comprendre le sens de ces choses et de tirer l'enseignement de ces formidables leçons.

Introduction

En tant que Mompreneure, je sais ce que c'est que de rêver de créer sa propre entreprise. Je sais également de quelle manière on peut se sentir tout à fait... dépassée par cette idée.

Pendant plus de dix ans, j'ai développé, avec mon mari, de nombreux sites Internet articulés autour de différentes thématiques qui nous passionnent. Aujourd'hui, nous sommes parvenus à créer des systèmes qui automatisent le fonctionnement de ces sites et nous dégagent de nos efforts !

Bien sûr, nous n'avons pas toujours joui de cette autonomie, de cette tranquillité. Pour en arriver là, à vivre de ce que nous aimons, nous nous sommes formés auprès de plusieurs marketeurs de renommée internationale, nous avons côtoyé des entrepreneurs qui ont réussi grâce à Internet. Nous avons mis en pratique chacune des stratégies que cet ouvrage a pour objet de vous partager.

Pour parvenir à ce beau résultat, pas de secrets ! Nous avons dû sortir de notre zone de confort car ce n'est pas en restant dans l'inaction qu'on fait bouger les choses – les choses ne pas bougent pour vous. Si vous bougez en premier, si vous changez, vous, elles vous le rendent... au centuple !

Partager, avec vous, les stratégies découvertes au cours de toutes ces années me semble être une excellente solution pour vous permettre de débuter en confiance et suivre, à votre tour, cette voie exaltante qui mêle bonheur et succès puisqu'aucun aspect de votre vie n'est oublié.

Au livre s'ajoutent des tutoriels détaillés au format vidéo.

Lorsque vous croiserez, au fil de votre lecture, le symbole suivant :

... suivez l'impulsion de la caméra ! Je vous recommande vivement de faire alors, une pause dans votre lecture pour récupérez les ressources nécessaires (vidéo, fichier à télécharger) sur www.bossetmaman.com, dans l'espace privé - Bonus du livre *Mompreneure et Couches-Culottes.*

Excellente lecture à vous !

Audrey Belleau

Étape 1 : Devenez Mompreneure

1. Ma définition de Mompreneure

Étymologiquement, la construction du terme Mompreneure est attribuable à la contraction de deux mots :

- Mom, vocable anglais qui signifie « Maman »,
- Et Entrepreneure, dont le sens est assez évident.

Une Mompreneure est donc à la fois une maman et une cheffe d'entreprise.

Ces deux casquettes ne sont pas incompatibles mais en revanche elles sont, respectivement, suffisamment impressionnantes (en apparence) pour justifier la création d'un nouveau mot.

Là où j'ajouterais mon grain de sel, c'est en me permettant d'induire une légère différence entre la définition que l'on peut lire couramment et ma propre vision de la Mompreneure, par définition moderne.

Je définis la Mompreneure moderne comme celle qui est parvenue à créer un système lui permettant d'automatiser de nombreux processus dans son entreprise, ce qui a pour effet de libérer le temps qui lui est nécessaire pour profiter de ses proches, de la vie et de ce que bon lui semble.

2. De Mompreneure à Mompreneure moderne

J'en suis venue à faire la différence entre Mompreneure et Mompreneure moderne après avoir géré pendant dix ans une première entreprise. J'étais établie dans le domaine des cosmétiques. Je me suis séparée de cette structure fin 2018, à la suite d'un burn out.

Les mois qui ont suivi m'ont permis de me reconstruire et surtout, de me reconnecter à mes croyances et à mes convictions. Je respire à nouveau mais je dois avouer que ça n'a pas été facile tous les jours. Néanmoins, je suis reconnaissante de chaque minute que j'ai vécue, de chaque expérience que j'ai connue, de chaque rencontre que j'ai faite.

Avant cela, professionnellement parlant et ce, jusqu'en 2015, j'étais tantôt au service de l'entreprise, tantôt c'était elle qui était à mon service. Tantôt, j'étais une cheffe d'entreprise prisonnière de ma société, tantôt j'étais une entrepreneure libre. Cette notion, je l'ai découverte en 2015 justement, grâce à l'un de mes mentors, Sébastien Night, fondateur du Mouvement des Entrepreneurs Libres. Sébastien encourage les chefs d'entreprise francophones à automatiser leurs ventes et se libérer du temps au moyen de stratégies marketing innovantes.

C'est à partir de cet instant que, véritablement, j'ai compris la notion de liberté dans l'entrepreneuriat. Parce que dans les faits, quand on est solopreneure, chaque minute de libre est consacrée aux projets des clients dont on dépend. On sacrifie beaucoup de son temps, de son bien-être, pour répondre aux attentes des personnes – des clients donc – que l'on veut à tout prix satisfaire. Alors, dans pareille situation, quand on apprend qu'il existe une sorte de monde parallèle dans lequel des entrepreneures génèrent des revenus confortables depuis la tranquillité de leur salon, eh bien !, croyez-le ou pas, on reconsidère son mode d'organisation et de fonctionnement !

On commence à chercher, jusqu'à les trouver, de vraies réponses.

3. Pourquoi un livre dédié aux femmes ?

Quand j'ai décidé d'écrire ce livre, qui s'adresse principalement aux mamans – du moins à celles d'entre elles qui ont cette volonté d'entreprendre, certaines personnes de mon entourage m'ont demandé pourquoi l'adresser aux Mompreneures en devenir. Pourquoi ne pas inclure les hommes dans mon lectorat-cible ? Quelle devait être, en ce sens, la différence avec un autre bouquin sur le sujet ?

Dans la majorité des livres que j'ai eu l'occasion de parcourir, j'ai rencontré peu d'auteurs prenant en considération le temps disponible dont jouit une mère ; plus exactement, l'absence de temps disponible. Qu'elles soient salariées, établies à leur compte ou qu'elles soient mères au foyer, les mamans (en général) ne disposent que d'un temps infime pour structurer leurs pensées, réfléchir à une stratégie et passer à l'action or, la création d'un business, d'un business en ligne par exemple, demande de la réflexion, l'établissement d'une stratégie. Dans ce cas, le pire pour ces mamans qui veulent entreprendre est que, quand enfin elles disposent d'un peu de temps pour elles, soit elles ne savent pas quoi en faire (en dehors des corvées), soit elles ont juste envie de se poser et de faire le vide.

En l'espace de quatre ans, j'ai lu un grand nombre de livres traitant du marketing ; je me suis passionnée pour le sujet, j'ai mené mes propres expériences, tenant parfois tête à des « experts » dans le domaine parce que j'avais le sentiment d'être dans le vrai. J'ai suivi des formations, me suis abonnée à des blogs ; j'ai écouté des podcasts... Après quoi, par manque de temps, je ne passais pas à l'action (ou peu s'en faut).

Le passage de la théorie à la pratique me demandait un réel effort en terme de temps investi, un tel effort en réalité qu'il m'arrivait de passer plusieurs nuits blanches à travailler sur mon projet, après avoir mis les enfants au lit. Je ne comprenais pas pourquoi les autres (les personnes sans engagement, sans enfants), y arrivaient sans peine.

J'en suis venue au point de me persuader que je souffrais d'un tel manque de confiance en moi, un manque de confiance en mes capacités, que cela me poussait à me désintéresser du sujet qui comptait.

Puis, en quelque sorte grâce au burn out que j'évoquais plus haut et du fait de tout ce qui s'en est suivi, j'ai réalisé qu'en vérité, la racine du problème n'était pas celle que j'avais identifiée. Je ne prenais plus le temps d'être à l'écoute de mes propres besoins.

Ainsi, la différence entre cet ouvrage et un autre, c'est simplement que mon livre raconte mon histoire, celle de la stratégie que j'ai mise en place pour générer un revenu confortable et récurrent qui m'autorise, enfin, à jouir de mon temps comme je l'entends.

En cela, je l'adresse tout particulièrement aux Mompreneures, puisque j'estime que ce sont elles qui auront le plus de chances de se reconnaître dans cette démarche.

4. La place des femmes dans l'univers d'Internet

Qu'on se le dise, les femmes sont de plus en plus visibles sur Internet mais, pas de la manière dont on pourrait l'imaginer.

Le plus souvent, elles proposent des prestations de consulting, de coaching ou d'autres services en tant que freelances. Le point commun entre la plupart d'entre elles ? Leur activité ne leur permet pas, pour le moment, de générer, de façon automatique, un revenu confortable. Chez les femmes françaises par exemple, le réflexe de monétiser son blog, contrairement à ce qu'on peut voir se faire aux États-Unis d'Amérique, est quasiment absent, simplement parce que ce n'est entré pas dans les mœurs.

En France donc, dans l'inconscient collectif, publier un blog ou être présent sur Internet, c'est de l'ordre du loisir. Aux USA en revanche existe la mouvance dite du WAHM (Work-At-Home Mom) ou SAHM (Stay-At-Home Mom), bien représentée et même revendiquée. Les jeunes mamans, au lendemain de leur accouchement, réalisent qu'elles aspirent à autre chose pour elles, leur enfant et pour leur vie de famille, que ce qu'elles vivaient avant. Elles prennent la décision de se tourner vers une de leur passion ou un de leurs sujets de prédilection... et d'en faire un business lucratif.

Selon une étude réalisée en 2015 par Frédéric Canevet, sur l'ensemble des blogueurs francophones, à peine 35% étaient des femmes et moins de 1% des personnes sondées affirmait parvenir à dégager de leur blog un revenu suffisant pour en vivre décemment.

Il ressort de cette constatation que la plupart des sujets abordés par les blogueurs sont des sujets-passion. Les writers parlent de leur passion, de ce qui les captive, au sens large ou en détail, de leur vie, sans pour autant faire de cela un business. Bien souvent, les blogs à orientation professionnelle sont sous-exploités et ne consistent au final qu'en une extension de l'activité elle-même, régie par des modes de fonctionnement analogue.

Ne mélangeons pas tout, c'est déjà formidable d'avoir une présence en ligne, c'est un grand pas ! Pourquoi dans ce cas ne pas en profiter pour mettre le turbo et passer au niveau supérieur ? Et comment s'y prendre dès lors qu'on le comprend ?

C'est ce que je m'engage à vous expliquer dans les chapitres qui suivent.

5. Oui mais que faire de son temps libre ?

Faisons d'abord un saut dans le temps. Figurez-vous que vous y êtes parvenue, vous êtes devenue une Mompreneure moderne. Vous avez mis sur pied un système dont le principe d'automatisation a pour effet de vous libérer du temps. Vous demandez-vous alors que faire de tous ces blancs, de ces plages-horaires dont vous disposez désormais ?

L'erreur que beaucoup de personnes commettent à ce stade, lorsqu'elles ont du temps libre donc, c'est de l'utiliser pour des choses qui n'ont que peu d'intérêt (voire aucun) pour elles ou pour leur entreprise – en admettant qu'elle soit déjà fondée. Combien de fois me suis-je vue, dans ces heures creuses, me perdre sur les réseaux sociaux, vagabonder sur des sites Internet de faible valeur ! Combien de fois ai-je usé de ce temps pour regarder vidéo sur vidéo, sans, il faut bien le dire, constater que cela apportait quoi que ce fût à mon épanouissement personnel !

Je ne suis pas en train de dire qu'il nous faut cesser de visionner des séries télévisées si on en a envie mais j'insiste sur le fait qu'en réalité, quand une maman parvient à se libérer du temps de qualité, elle doit savoir le mettre à profit, en user donc, de façon intelligente.

Lorsque j'ai entrepris de transformer mon activité pour en faire ce qu'elle est devenue, assister à des séminaires tels que Entrepreneur Libre, de Sébastien Night, à Paris ou encore au LaunchCon de Jeff Walker à San Diego, m'a permis d'avoir des échanges constructifs avec des pairs et de recevoir des conseils précieux qui me servent encore aujourd'hui. Quoi d'étonnant dans ce cas de voir que ce que je préconise le plus, quand on a cette chance incroyable de se libérer du temps, c'est de le mettre à profit pour continuer à se former tout en profitant de ses proches !

La formation ne passe pas nécessairement par la reprise de longues études. Cela peut être de lire des livres, d'écouter des podcasts sur la thématique qui nous passionne – comme je disais plus haut l'avoir fait de mon côté. Cela peut être d'assister, je le répète, à des séminaires de qualité étalés sur quelques jours ; puissants en terme d'enseignements, ces séjours offrent l'opportunité de faire des rencontres enrichissantes.

Se former c'est s'assurer, en somme, d'être puis d'être toujours au fait de l'actualité dans son domaine. Vous devez être incollable sur votre sujet.

À présent que vous le comprenez, reprenons dans l'ordre. Que convient-il de faire à ce stade ? Vous devez savoir si vous utilisez votre temps à bon escient. Pour ce faire, posez-vous les questions suivantes.

Est-ce que ce que je suis en train de faire, à cet instant précis / est-ce que ce que je veux faire, est nécessaire à mon épanouissement personnel ?

Est-ce que ce que je suis en train de faire, à cet instant précis / est-ce que ce que je veux faire, va contribuer de façon directe ou indirecte au développement de ma société ?

Si la réponse est oui dans chacun des cas, alors considérez que vous mettez votre temps à profit ! Vous vous trouvez dans les conditions idéales pour offrir ce qu'il y a de meilleur à vos proches comme à votre audience.

Si la réponse est non, alors demandez-vous ce que vous pouvez faire pour changer cela. Demandez-vous s'il est possible de déléguer certaines tâches à un prestataire par exemple ou à un proche, de manière que vous ayez le loisir de vous concentrer sur autre chose.

Certaines questions exigent de nous, pour être résolues, une pleine concentration, un focus total. Pour cocher « oui » aux cases précédentes, il vous faut trouver ces réponses. Pour cette raison, nous allons commencer par mettre en lumière... la Mompreneure qui est en vous.

6. Quelle Mompreneure êtes-vous ?

Récemment, je lisais le livre best-seller S'organiser pour Réussir, de David Allen, lorsque l'un des exemples pris par l'auteur a fait particulièrement sens pour moi.

C'est l'histoire d'un curé qui a passé une annonce dans le journal local pour trouver une mère de famille nombreuse... qui dispenserait les cours de catéchisme aux enfants de sa paroisse.

Erreur ou humour hasardeux ? Ni l'un ni l'autre en fait. En réalité, pour ce curé, il était évident qu'une mère de famille nombreuse, en plus de gérer son foyer, parviendrait à développer plus rapidement que d'autres des méthodes d'organisation adaptées à n'importe quelle situation ; en l'occurrence à un cas de figure aussi complexe qu'on se figure que puisse l'être l'enseignement du catéchisme à une ribambelle d'enfants...

Ce qui m'amène, au-delà des compétences et des capacités qui sont celles de bon nombre d'entre nous du moment que nous sommes mères, à votre leitmotiv. Vous n'avez pas envie de créer votre entreprise, de lancer votre activité comme on dit, simplement parce que vous en êtes capable du fait d'avoir développé de remarquables talents organisationnels, comme l'annonce du curé de David Allen le laisse supposer ! Vous souhaitez entreprendre parce que vous avez la certitude, au plus profond de vous, que cela va contribuer à votre épanouissement. Vous êtes convaincue que vous apporterez de la valeur à tous ceux qui découvriront vos produits et services !

Avant de monter au créneau, il est ainsi nécessaire que vous sachiez quelle Mompreneure vous êtes. C'est ce que nous allons déterminer à présent. Où l'anecdote du curé nous aidera, c'est que malgré tout, les trésors de ressources que vous déployez au quotidien seront à même de rendre forte et efficace la créatrice qui sommeille en vous.

Êtes-vous cette maman ultra dynamique, membre de l'association des parents d'élèves de l'école de vos enfants, qui vous rendez disponible pour chaque sortie scolaire et jonglez adroitement entre piscine et piano le mercredi, danse et football le samedi (sans oublier de porter toute votre attention au petit dernier, encore en écharpe, qui vous sollicite à tout instant du jour et de la nuit) ? En plus de tout cela, vous gardez la pêche pour mener de front vos corvées ménagères !

Êtes-vous une maman qui travaillez et dont le poste prend effet chaque matin à huit heures précises – vous n'avez pas une seconde à vous car, en rentrant à la maison le soir, il reste encore tellement de choses à faire... Vos enfants attendent que vous veniez les chercher à la sortie de l'école pour les conduire à leurs activités respectives ; une fois rentrée, vous vous lancez dans une danse effrénée entre repas, lessives et rangement (vous n'aviez pas achevé de classer les vêtements lavés la semaine précédente qu'une autre a débuté). Votre mari rentre tard de son côté, lui aussi travaille et au retour, il doit assurer quelques rendez-vous téléphoniques supplémentaires. Les enfants sont épuisés et vous l'êtes aussi. Vous enfilez votre casquette multitâche de maman et, conservant on ne sait comment, le peu d'énergie qu'il vous reste pour cela, vous donnez le bain aux petits et aidez les plus grands à faire leurs devoirs.

Peut-être êtes-vous une mère au foyer ; peut-être l'avez-vous toujours été mais, à présent que les plus grands de vos enfants sont partis étudier dans une autre ville et qu'il ne reste plus à la maison que la petite dernière, tout vous semble soudain... un peu vide. Vous réalisez qu'il est plus que temps de faire ce dont vous avez toujours rêvé : fonder votre activité et vous épanouir pleinement en tant que femme. Vous avez envie de renouveau dans votre vie et vous savez que vous disposez de temps pour cela.

Dans tous ces cas de figure, loin en fin de compte d'être caricaturaux (mais certainement pas exhaustifs), si vous découvriez que vous avez le contrôle du temps dont vous disposez ? Si vous pouviez vous glisser aux commandes de vos propres besoins ? Et si vous aviez plus de flexibilité ; l'occasion de prendre tout à la fois du temps pour vous et de profiter agréablement de vos enfants sans vivre un rush permanent ? Ne serait-ce pas le rêve ? Comment alors, concrétiser ce rêve dans la réalité ?

Posons encore quelques questions – pour obtenir des réponses, il faut poser les bonnes questions. Et si, finalement, vous parveniez à métamorphoser ce que vous considérez comme votre hobby... en une entreprise rentable que vous auriez le bonheur de piloter depuis votre salon ? Cela voudrait dire profiter de votre famille sans supporter la contrainte d'un emploi qui bloque votre temps de 8h à 17h chaque jour !

Vous avez compris, désormais, ce que je souhaite vous conduire à considérer. Il se pourrait fort bien que les passe-temps que vous avez soient à même de vous rapporter des bénéfices, disons-le : grâce à Internet.

Êtes-vous en mesure, là, maintenant, d'imaginer créer une entreprise solidement bâtie sur vos loisirs ? Pourriez-vous, pour aller plus loin, développer un business en ligne autour... du programme de sieste que vous planifiez pour votre bébé ?

Si vous avez déjà ressenti le besoin d'exprimer l'un de vos multiples talents ou passions, si ce besoin vous anime au-delà de ce que vous vous sentez humainement capable d'expliquer et que vous l'éprouvez au plus profond de votre âme ; si cela révèle en vous – et de vous – une femme déterminée, combattive, bienveillante, alors, vous avez découvert la Mompreneure qui sommeille en vous.

Bienvenue au club !

Ce livre a pour objectif que vous vous donniez l'autorisation ou la motivation (selon vos besoins) de puiser dans vos désirs d'entreprendre, de chercher au fond de vous ce que vous pouvez offrir au monde puis, de vous fournir des guides, une liste d'actions à suivre étape par étape, pour vous aider à mettre votre entreprise sur les rails grâce au pouvoir d'Internet, tout en révélant la femme extraordinaire que vous êtes.

Étape 2 : Organisez-vous pour réussir

Assurer sur tous les fronts, devenir une Mompreneure accomplie, beaucoup en rêvent mais nombreuses se persuadent que c'est une chose impossible à atteindre.

Pour assumer comme il se doit le port d'une casquette à multiples visières ; maman, partenaire et entrepreneure, la motivation seule ne suffit pas. Et pour cause, se camper devant son miroir et demander à l'Univers de nous venir en aide sans mener, parallèlement, aucune action concrète, eh bien ça ne fonctionne pas ! Ne dit-on pas « aide-toi, le Ciel t'aidera ? ». Dans les faits, il faut se bouger si on veut obtenir des résultats. De plus, comme tout le monde, vous ne disposez que de 24 heures par jour pour entreprendre et faire tout ce que vous devez ou souhaitez faire et entreprendre alors, ce temps précieux, il faut l'optimiser au maximum ! Ce qui implique de découvrir, quitte à les inventer, de nouvelles techniques pour améliorer sa productivité.

Quand j'ai lancé mon blog Boss & Maman, j'avais pour volonté d'impacter de façon positive la vie de toutes les personnes qui liraient mes écrits, visionneraient les vidéos que je réalisais ou encore, écouteraient mes podcasts. L'une des choses qu'il me tenait le plus à cœur de mettre en avant était que, pour réussir, il faut se mettre en condition, se préparer, à l'instar des athlètes qui s'apprêtent à entrer en compétition.

Dans ce chapitre, je vous explique la méthode d'organisation que j'ai développée pour atteindre mes objectifs.

1. Faites de la place

Dans son livre La magie du rangement, Marie Kondo avance que mettre de l'ordre dans son intérieur aide à fluidifier son quotidien et a changé sa vie et je ne peux que ratifier ses dires. Je vous encourage d'ailleurs à lire cet ouvrage ! Si vous n'en avez pas envie mais que le sujet vous intéresse, sachez que Netflix a développé une série dédiée à la présentation et aux biais d'application de la méthode Marie Kondo ; en mode condensé. C'est plaisant de voir les avant/après !

Avant de commencer, il vous faut préparer le terrain. Pour cela, pas de secrets ! Vous allez passer par un grand ménage qui aura le mérite de vous libérer l'esprit. Débuter et créer votre activité en laissant tout en plan autour de vous serait vous assurer de récolter un dressing encombré, des placards prêts à exploser, un salon colonisé par des jouets n'ayant plus servi depuis des lustres (les enfants ont grandi et les délaissent), autant d'images qui s'impriment dans votre tête et ne communiquent aucune énergie positive.

Pour partir du bon pied, vous devez partir l'esprit léger ! Comment sinon, identifier votre cible, construire votre plan d'action efficacement ? Vous aurez besoin d'un espace clair et propice à la réflexion pour définir les étapes cruciales de votre business. Impossible dans notre optique de s'octroyer le luxe de se lancer dans le chaos d'un bazar indéfini puis, de rectifier le tir au fil de l'eau ; ce serait une pure perte de temps.

Ne soyez pas surprise, de ce fait, de me voir traiter le sujet de cette manière pour débuter cette nouvelle étape ! Ce que nous allons voir est essentiel pour bâtir votre succès.

Pour commencer, faites un tri de vos affaires par catégories d'objets. Si vous décidez d'initier le rangement en traitant toutes les catégories au même moment, vous risquez de vous démotiver et d'abandonner. Par catégories, Marie Kondo distingue, quant à elle, les vêtements d'une part, les papiers d'autre part et les objets divers et variés ensuite, autres que ceux qui revêtent une valeur sentimentale.

Assurez-vous de libérer suffisamment d'espace (sur un tapis, par exemple) pour réunir tous les éléments d'une même catégorie ; cela peut être vos vêtements, par exemple, dans ce cas, portez-les tous dans une seule et même pièce. L'étape suivante revient à constituer deux piles ; la première faite des vêtements/papiers/objets que vous aller conserver, la deuxième faite, évidemment, de ce dont vous allez vous débarrasser (il faudra donner ou vendre ces affaires-là : à vous de voir !)

Il est important de faire le tri en tenant compte de ce principe de catégorie, y compris... à l'intérieur d'une catégorie principale. C'est comme faire un sommaire de toutes vos affaires ! Si vous débutez le tri de vos propres vêtements, ne les mélangez pas à ceux de vos enfants (ni à vos livres ou bibelots donc). Procédez ainsi l'espace d'une semaine, avec persévérance ; c'est agréable de rafraîchir ainsi son intérieur, de donner un nouveau souffle aux lieux habités.

Au bout de huit jours, attaquez-vous aux placards de la cuisine (en y consacrant supposément, là encore, une semaine) puis, aux objets divers jusqu'à avoir passé en revue tous les recoins de votre maison. Une fois ce rangement achevé, vous pourrez apprécier ce que vous avez accompli et identifier, clairement, le lieu qu'il conviendra de dédier à votre nouvelle activité. Parions que vous avez gagné une place considérable – même si vous en doutiez auparavant ! Tous les tris sont efficaces... À présent, allez-vous vous établir dans votre salon, dans votre chambre, dans une pièce jusqu'à ce jour inoccupée ou sous-exploitée ?

Quel que soit votre choix, il vous faut tenir compte de l'espace dont vous disposez avant d'aménager votre nouvel espace de travail. Optez, de préférence, pour du mobilier fonctionnel, des accessoires de rangement. Votre espace doit rester épuré et ordonné. Vous rêvez d'un bureau de ministre, j'en conviens mais ce monstre risque bien d'être trop imposant pour trôner correctement dans votre salon. Vous disposez d'un recoin sous l'escalier ? Parfait ! Vous pouvez aménager cet espace. Les idées d'aménagement pullulent sur des plateformes telles que Pinterest ; je vous invite à vous rendre sur les sites de ce type et à vous inspirer de ce que vous y voyez.

Vous devez être heureuse et sereine quand vous aménagez votre espace.

2. Découvrez ce que vous voulez

Plusieurs années durant, je me suis documentée sur le sujet de la gestion du temps, sur la productivité, pour parvenir à atteindre mes principaux objectifs. Ça n'a pas été simple parce que toutes les méthodes abordent le sujet sous le même angle. Dans les faits, elles se valent à condition de suivre à la lettre tout ce qui est recommandé.

Pour moi, ce n'est pas une seule méthode qui a porté ses fruits mais plutôt, l'association de plusieurs méthodes et techniques que j'ai personnellement testées.

C'est ainsi que j'en suis venue à concevoir ma propre méthode : la méthode DVO. DVO pour Découvrir – Visualiser – Obtenir. Comme on peut l'imaginer, cette méthode développe trois étapes ; je vais à présent les exposer en détail.

3. Sachez ce que vous ne voulez pas

Savoir ce que vous voulez n'est pas une chose facile. Vous n'avez peut-être pas une perception éclairée de ce que vous voulez dans la vie exactement et c'est normal. Il y aura sans doute, à l'avenir, des facteurs importants à prendre en considération mais en attendant, nous allons pouvoir nous en contenter car ce dont je suis certaine, c'est que vous avez une vision très claire de ce que vous ne voulez pas dans la vie (peu importe de quoi il s'agit).

Demandez-vous quelle est cette chose dont vous faites l'expérience en ce moment que vous auriez préféré éviter de connaître – une réponse ne devrait pas tarder à vous venir à l'esprit. Des dettes sur votre compte bancaire, des problèmes d'argent ? Lutter contre un surpoids ? Faire un travail que vous détestez ? Avoir des relations conflictuelles avec certains membres de votre famille, des amis ?

Il est important de ne pas dépenser de l'énergie en excès à vous focaliser sur ce que vous aimeriez changer dans votre vie mais ces problèmes du moment créent en vous une frustration, un sentiment d'impuissance qui vous épuisent. Sachez qu'en dépit du stress que de telles situations peuvent générer, elles sont (de par le fait même que vous soyez stressée), des indicateurs puissants pour vous renseigner quant à... ce que vous voulez vraiment.

J'ai appris cela à mes dépens il y a quelques années, alors que j'étais stagiaire dans une agence de relation presse.

Un jour, un peu comme tous les autres jours de cette période de stage, j'étais occupée à me concentrer sur la tâche que l'on m'avait confiée ; nous étions deux stagiaires alors chargées de scanner une soixantaine de parutions presse issues de divers magazines, de concevoir les mails auxquels nous devions attacher lesdits scans et d'enregistrer les courriels en question sous forme de brouillon. J'en étais à scanner mon énième document de la matinée quand un de mes responsables me convoqua dans son bureau – lequel était situé en open space.

Il s'avéra que j'avais, apparemment, expédié un mail, mail qu'un des clients de l'agence avait reçu tandis qu'il aurait dû rester, vous l'avez compris, archivé en tant que brouillon. Le scan attaché à ce courriel ne correspondait pas aux produits qui concernaient le client. En somme, il s'agissait d'une erreur de destinataire. Au lieu de m'inviter à être plus vigilante lors de mes prochaines actions et de m'apprendre quel pouvait être l'impact de ma bévue sur l'entreprise et ce qu'elle pouvait impliquer quant à la relation avec ce client, le référent a jugé préférable de m'insulter et de me manquer de respect. Aurait-il voulu, au moins, être discret, qu'il ne l'aurait pas pu ; open space oblige...

Je me suis sentie gênée et humiliée. Je suis retournée à mon poste mais je n'avais qu'une chose en tête, abandonner le stage et rentrer chez moi. Je n'en ai rien fait. Je suis restée car je me disais que je n'avais pas d'autre choix. Si je partais, comment aurais-je pu m'y prendre pour valider mon année d'études (ce à quoi servait le stage) ? Comment aurais-je fait pour payer le loyer de mon studio ? J'étais assez à court d'argent comme cela, je ne voulais pas aggraver ma situation de ce point de vue.

Un peu plus tard ce même jour, une fois au calme, la colère passée, j'ai compris qu'après tout, j'avais le choix de m'en aller. On a toujours le choix, quelle que soit la situation. En réalité, ce sont les conséquences qui découlent de ces choix qui engendrent en nous du stress car il faut pouvoir les assumer et nous le savons bien. Ce n'est pas toujours simple.

J'avais le choix de décider de mon avenir alors je me suis fait une promesse : à compter de ce jour d'avril 2009, je ferais tout pour créer une activité qui soit, pour moi, épanouissante et enrichissante sur le plan humain et matériel.

J'ai ainsi commencé à lister tout ce que je ne voulais pas vivre pour faire place nette à ce que je voulais faire et accueillir dans ma vie. C'est exactement ce que vous allez entreprendre maintenant, en suivant le cours des chapitres qui viennent.

Application 1

Répondez en toute transparence à ce que vous ne voulez pas dans votre vie personnelle, dans votre vie professionnelle, dans votre vie sociale, dans votre vie spirituelle, dans votre vie financière et pour votre santé.

Une fois que vous aurez pris le temps d'identifier ces choses que vous ne voulez pas dans chacun des aspects de votre vie, il sera nécessaire de creuser davantage.

Rendez-vous sur le blog bossetmaman.com et récupérez la fiche d'activité en bonus intitulée *Ce que je ne veux pas dans ma vie*

Application 2

Avec la vision globale dont vous disposez de votre vie actuellement, répondez aux questions qui vous sont posées ci-après. Soyez ouverte et honnête, bien sûr – à ce prix seulement nous progresserons – mais, plus important, soyez précise. Pensez à la façon dont les choses se passaient pour vous ces dernières années, pensez également aux habitudes et aux comportements qui étaient les vôtres.

- Pourquoi vivez-vous des choses que vous ne désirez cependant pas vivre ?
- Que faut-il faire/entreprendre pour éliminer ces choses de votre quotidien, de votre existence ?
- À quoi ressemblerait votre vie si ces choses disparaissaient ?
- Que voulez-vous (être/vivre/faire) ?

4. Identifiez votre journée parfaite

« *La façon dont nous vivons notre journée est identique à celle dont nous vivons notre vie* »

Cette citation d'Annie Dillard sur le parallèle qui existe entre les actions d'une journée et le déroulement d'une vie entière représente à elle seule un indicateur puissant pour vous aider à découvrir ce que vous voulez vraiment, maintenant que ce que vous ne voulez pas est plus clair. Réfléchissez à ceci, si la façon dont nous passons nos journées est en tous points similaire à la façon dont nous vivons notre vie, alors la manière dont nous voudrions passer nos journées doit relever de la façon dont nous voudrions vivre.

Imaginez un peu votre journée parfaite. Ne

serait-il pas sympa d'aller au lit le dimanche soir et ne pas redouter de vous lever le lundi matin ? Et si tous les jours ressemblaient au week-end, comment cela se présenterait-il pour vous ?

J'ai pris conscience de ces choses et, grâce à cela, je suis parvenue à disposer d'une flexibilité absolue quant à l'aménagement de mon temps. Cela signifie que je peux voyager sans me soucier des périodes de rush, je peux aussi garder sans crainte mes filles à la maison si elles sont malades ou si elles sont épuisées, je peux décider de passer voir mes amis entrepreneurs et de parler avec eux des nouvelles stratégies marketing à tester ; surtout, je suis en mesure d'accueillir l'imprévu s'il frappe à ma porte ! Ça, c'est moi. C'est ma réussite.

Peut-être, de votre côté, désirez-vous quelque chose de totalement différent. Pas de souci ! Peut-être aussi souhaitez-vous en parvenir exactement au même point.

J'ignore ce que vous voulez faire de votre vie, bien sûr, même si je suis persuadée que vous aspirez au bonheur, au bien-être, à l'épanouissement. En attendant que vous le découvriez – si ce n'est pas déjà fait, je vais vous demander de mettre en pratique une nouvelle chose. Posez des mots. Écrivez ce à quoi ressemblerait votre journée parfaite, votre journée idéale si vous n'aviez aucune contrainte.

Application 3

Écoutez une musique qui vous met de bonne humeur et répondez aussi honnêtement possible et sans censure à la question suivante.

À quoi ressemble la journée parfaite pour vous ?

En planifiant votre journée parfaite, aussi surréaliste que cela puisse vous paraître en cet instant précis, soyez suffisamment ouverte d'esprit pour reconnaître quels changements doivent être opérés dans votre vie pour faire de votre journée parfaite une réalité.

En clair, vous allez à présent découvrir ce que vous voulez.

Très important, voyez cette activité comme un moyen de concevoir une de vos journées parfaites et non pas « la » journée parfaite. Évidemment, tous les jours ne seront pas les mêmes, y compris dans la vie de vos rêves, alors imaginez la journée comme cela vous inspire.

Les questions posées sont là pour vous aider à définir votre journée parfaite ainsi, sentez-vous libre d'ajouter tout ce qui sera pertinent pour vous.

Je me lève...

- Quelle heure est-il ? Où suis-je ? Suis-je accompagnée ? De qui ? Quelle est la première chose que je fais ?

Je me prépare...

- Comment suis-je habillée ? Où ai-je prévu d'aller ? Qu'ai-je prévu de faire du reste de la matinée ?

Au déjeuner...

- Qu'est-ce que je mange ? Où vais-je ensuite ? Est-ce que je déjeune avec quelqu'un ? Avec qui ? Combien de temps dure ce repas ?

L'après-midi...

- Qu'est-ce que je fais du reste de l'après-midi ? Je travaille ? Je suis occupée à autre chose ? Jusqu'à quelle heure ?

En soirée...

- Où vais-je ? Que fais-je ? Qu'ai-je prévu de faire au dîner ? Je cuisine ? Je sors ? Suis-je accompagnée ?

Au coucher...

- À quelle heure vais-je me coucher ? Que fais-je juste avant d'aller au lit ? En fermant les yeux, à quel propos suis-je le plus reconnaissante ?

Étape 3 : Visualisez votre projet

1. Définissez votre vision

« *Si vous pouvez la voir, vous pouvez l'atteindre !* »

Ce n'est peut-être pas la première fois que vous entendez cette affirmation ! Si vous n'avez pas une vision claire de ce que vous voulez dans la vie, alors on peut dire que vous n'obtiendrez pas ce que vous voulez. En revanche, si vous pouviez voir vos rêves avant qu'ils ne se réalisent ? Wow, le monde n'aurait qu'à bien se tenir !

Vous serez surprise par ce que vous êtes capable de faire.

La définition la plus basique du terme « vision » est « la faculté ou la possibilité de voir ». Ceci est vrai sur le plan technique mais être porteur d'une vision va beaucoup plus loin que la simple capacité visuelle. Une vision, dans son véritable sens, est la capacité de produire des images mentales de ce que l'avenir sera ou de ce à quoi il ressemblera.

Dans la partie précédente, vous vous êtes penchée sur la question de savoir ce que vous ne voulez pas expérimenter dans chaque aspect de votre vie et vous avez imaginé à quoi ressemblerait votre journée parfaite.

En vous basant sur ces applications, vous devez très certainement avoir un idée globale de ce que vous voulez qui se dessine dans votre esprit mais... peut-être pas encore une vision claire.

Si vous n'avez pas de vision ou si votre vision reste floue, ne vous inquiétez pas. Dans cette partie, nous allons clarifier cette image.

En parlant de vision, vous est-il déjà arrivé de consulter un ophtalmologue ? Quand vous avez un problème de vue et qu'il vous faut porter des lunettes ou des lentilles, vous allez chez l'ophtalmologue. Ce qui est intéressant en terme d'analogie, c'est que pendant la consultation, le spécialiste va tester votre capacité à voir de près... et de loin.

Nous nous sentons frustrés dès lors que nous ne pouvons pas voir les choses à une certaine distance, cependant, si nous ne voyons pas ce qui se trouve juste en face de nous, nous passons également à côté d'une part importante de l'image.

Dans la prochaine application, je vais vous demander de travailler sur votre vision, aussi bien de près que de loin.

En vous basant sur ce que vous avez pu découvrir jusqu'ici à votre sujet et sur ce que vous voulez, écrivez la vision que vous avez de votre vie dans les dix ans à venir puis, ce que vous serez dans un an.

Il est important que vous réfléchissiez aux deux délais que je vous indique, sachant qu'ils sont interdépendants.

Comme toujours, ne vous bridez pas ! Il s'agit d'une vision que vous avez pour vous-même. Vous n'avez pas besoin de la partager avec quelqu'un d'autre, à moins que vous n'en ayez envie.

Souvenez-vous, vous ne pouvez pas avoir ce que vous voulez tant que vous n'êtes pas honnête au sujet de ce que vous voulez réellement.

Application 4

Répondez à ces questions :

- À quoi voulez-vous que votre vie ressemble dans dix ans ?
- À quoi voulez-vous qu'elle ressemble dans un an ?

2. Rendez votre vision réelle

Votre vision, je l'espère, est bien plus qu'une simple phrase que des filles de télé-réalité seraient susceptibles de prononcer juste avant leur show.

« Gardez les pieds sur terre », c'est la prochaine étape à franchir pour obtenir ce que vous voulez. Et par garder les pieds sur terre, je n'entends pas dire qu'il faut être réaliste ; ce que beaucoup de personnes considèrent pour être « réaliste » est, effectivement, de penser petit. Il n'y aura pas de petites pensées dans ce livre ! Au contraire, je veux que vous gardiez les pieds sur terre avec votre vision en fixant des objectifs qui transformeront votre vision en une réalité. Pourquoi ? À part le fait que j'aime bien l'idée de se fixer des objectifs ?...

Parce que les objectifs sont des ponts qui nous mènent de là où nous sommes à là où nous voulons être.

Dans la dernière activité, vous avez été claire sur ce que vous voulez dans votre vie dans dix ans et dans un an à partir de maintenant (par exemple, là où vous voulez être, ce que vous voulez représenter, qui vous voulez être dans dix ans et dans un an).

Dans l'activité suivante, vous allez vous saisir de cette vision et la traduire en un objectif d'un an sur lequel vous pouvez commencer à travailler... immédiatement. Vous avez pensé qu'il ne suffit pas de rêver pour que ça marche, n'est-ce pas ?

Pourtant, découvrir et annoncer vos rêves sont des choses nécessaires pour vous motiver intérieurement. Mener une action vers vos rêves est en effet le seul moyen qui vous permette de transformer votre vision en réalité. Vraiment, c'est le seul moyen ! Cependant avant d'agir, vous devez savoir quels types d'actions vous devez mener.

Application 5

C'est ici que vous fixer des objectifs sur une année entre en ligne de compte. En gardant à l'esprit la vision que vous aviez pour l'année à venir dans la dernière activité, notez brièvement sur un papier un an de vision pour chaque aspect de votre vie (vie professionnelle, vie spirituelle, vie financière, etc.).

Une fois que vous avez écrit ces courtes visions, réfléchissez aux objectifs que vous pouvez vous fixer dans chacun de ces aspects, lesquels, s'ils sont atteints, vont vous conduire à la réalisation de votre vision d'un an.

Je vous donne accès à un modèle que je vous

invite à télécharger après avoir visionné une courte vidéo explicative.

Rendez-vous sur le blog bossetmaman.com dans l'espace privé et récupérez la fiche d'activité intitulée *Objectifs à 1 an*

Essayez de trouver des objectifs SMART lorsque vous faites cet exercice. Vous l'avez sûrement lu quelque part, SMART est le sigle anglais de Specific, Mesurable, Attainable, Relevant et Temporal : Spécifique, Mesurable, Ambitieux (ou Atteignable), Réalisable et Temporel – ce à quoi doivent ressembler vos objectifs.

Les objectifs comme « gagner plus d'argent » ou « perdre quelques kilos » sont trop vagues. Il devient difficile voire impossible de travailler sur des objectifs ainsi formulés. En vous fixant des objectifs spécifiques, vous serez plus motivée à travailler sur leur réalisation puisque vous savez exactement quels seront les résultats si vous les atteignez.

Par exemple, au lieu de dire « Je veux gagner plus d'argent », dites « Je veux augmenter de 40% (M, A, R) d'ici à la fin de l'année (T), les revenus générés par mon activité en ligne » ou encore « Je vais concentrer la production de contenus de mon blog sur les dates clés (Noël, fête des Mères, Saint-Valentin, etc.) afin de capturer 70% de clients potentiels supplémentaires (M, A, S) ».

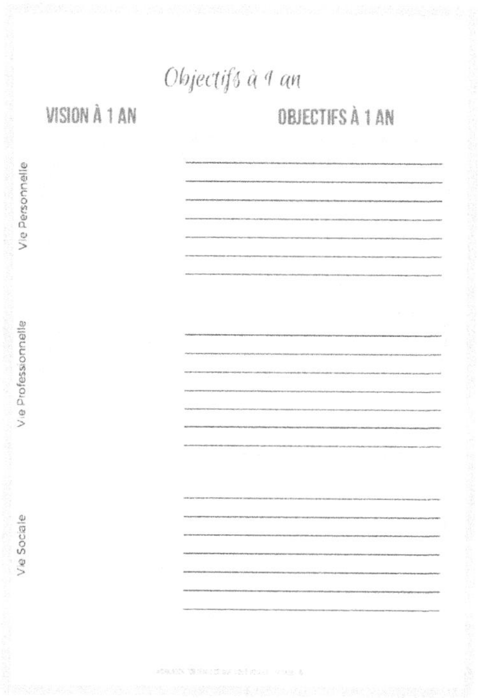

3. Restez focalisée sur ce que vous voulez

« Les rayons de soleil ne brûlent pas jusqu'à ce qu'ils soient focalisés sur un point »

Cette citation d'Alexander Graham Bell nous apprend quelque chose d'essentiel. En clair, si les rayons de soleil ne ne sont pas en mesure de brûler même une fourmi qui se promène tranquillement sur un trottoir sans aide du pouvoir de concentration d'une loupe, alors quel devrait être notre pouvoir de concentration, en tant qu'humains, pour focaliser notre énergie sur nos objectifs ?

Si vous ressemblez à celle que j'étais au moment où j'ai écrit ma vision de la vie et mes objectifs pour la première fois, vous êtes probablement excitée, motivée et, bien entendu... vous sous-estimez totalement les efforts et l'énergie qui seront nécessaires à la réalisation vos objectifs !

Je ne dis pas cela pour casser l'ambiance mais pour construire, petit à petit, une case dans laquelle se réalisera la prochaine activité à laquelle vous pensez.

Ce que je vous demande à présent de faire, est d'envisager le top 3 de vos objectifs. Oui, il est temps d'affiner les choses.

« *Mais pourquoiiiii ?????* ». Je peux vous entendre crier, le poing levé vers le ciel ou plutôt vers l'avenir. Écoutez, je comprends, ce processus peut paraître long mais n'oubliez pas, nous accomplissons des pas essentiels au lancement de votre activité ! Croyez-moi, un moment viendra où vous comprendrez parfaitement.

Maintenant que vous savez ce que vous voulez et que vous avez noté ces objectifs dans le but de les atteindre, vous allez devoir identifier le top 3 de ces objectifs. Même s'il s'agit d'un choix difficile, je vous recommande vivement de le déterminer si vous voulez avoir du succès cette année.

Vous souvenez-vous des rayons de soleil (et des pauvres fourmis) ?

Rien qui vaille véritablement la peine ne se réalise sans focus.

Réfléchissez à cela. De tous les objectifs que vous avez notés, quels sont les trois :

- Qui vous aident le mieux à atteindre votre vision ultime ?
- Qui vous permettent d'atteindre facilement vos autres buts ?

Pensez à votre top 3 comme à des dominos alignés et espacés qui, une fois poussés, vont s'abattre les uns après les autres par l'effet les uns des autres ; ce qu'on appelle l'effet boule de neige. C'est ça, le secret des gens qui réussissent ; une action ayant le pouvoir d'entraîner une autre action jusqu'à décrocher le gros lot. Le tout est de savoir quel domino déclencher – d'où l'intérêt du top 3.

Dans les pages suivantes, vous aurez l'occasion de non seulement écrire votre top 3 mais également, de lister pourquoi vous avez choisi ces éléments. Pensez à vos « pourquoi » sérieusement. Nous y reviendrons plus en détail dans le chapitre 5 – Créer votre marque.

Les pourquoi sont là pour nous motiver en dépit des obstacles.

Étape 4 : Créez votre routine

1. Mettez en place des actions trimestrielles

« *Vision sans action est juste hallucination* »

...Or, je sais que vous n'êtes pas folle donc, il est temps de se bouger ! Jusqu'ici, vous avez exploré, envisagé et planifié ce que vous voulez.

Vous avez écrit les grandes lignes de ce que vous ne voulez pas, décrit votre journée idéale, établi vos principales visions pour les douze prochains mois et les dix années à venir, visualisé chaque aspect de votre vie et résumé tout ça dans le top 3 de vos objectifs. Félicitations pour cette détermination. Vous vous êtes vraiment mise au boulot !

Application 6

À partir de maintenant, après avoir planifié ce que vous voulez, nous allons voir comment faire pour l'obtenir. Ici commencent les actions concrètes pour atteindre vos objectifs.

Rendez-vous sur le blog bossetmaman.com et récupérez la fiche d'activité intitulée *Mon Top Trois*

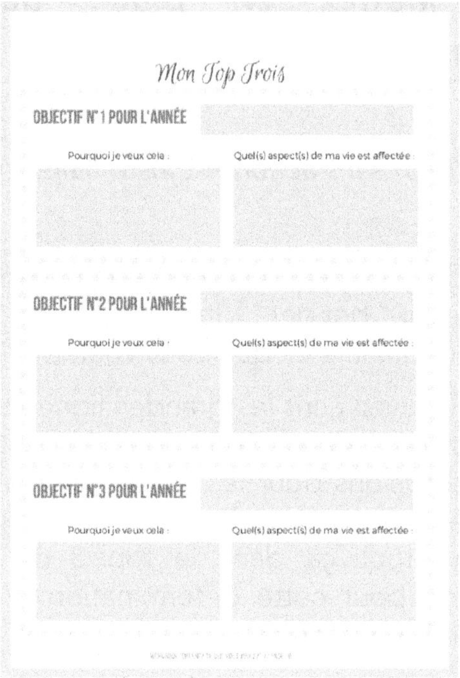

Mon Top Trois

OBJECTIF N°1 POUR L'ANNÉE

Pourquoi je veux cela :

Quel(s) aspect(s) de ma vie est affectée :

OBJECTIF N°2 POUR L'ANNÉE

Pourquoi je veux cela :

Quel(s) aspect(s) de ma vie est affectée :

OBJECTIF N°3 POUR L'ANNÉE

Pourquoi je veux cela :

Quel(s) aspect(s) de ma vie est affectée :

Pour atteindre chacun de vos principaux objectifs (au passage, résumons-nous, vous en avez trois), vous aurez besoin d'agir de manière constante tout au long de l'année. Il vous faut à présent décomposer chaque objectif en tâches puis en sous-tâches. Après avoir téléchargé le modèle ci-dessus, vous allez décomposer votre top 3 en plusieurs étapes à franchir par trimestre.

Application 7

Pour faire cela, vous aurez à nouveau besoin de télécharger un modèle ; vous le trouverez ci-dessous : « Actions trimestrielles ». Les modèles que je mets à votre disposition sont faits pour vous permettre de gagner du temps mais si vous préférez les reproduire à votre goût, n'hésitez pas.

Rendez-vous sur le blog bossetmaman.com dans l'espace privé et récupérez la fiche d'activité intitulée *Actions trimestrielles*

Une fois que vous avez téléchargé la fiche des actions trimestrielles ou l'avez reproduite, commencez par indiquer la finalité à l'en-tête. Sur chaque fiche, écrivez un de vos trois principaux objectifs dans la case correspondante, en tête de la page.

Considérez cette case comme votre « ligne d'arrivée », à franchir dans douze mois exactement. Ensuite, posez-vous la question suivante :

- Quelle est l'étape importante que je dois franchir ce trimestre avant/pour atteindre mon but cette année ?

Écrivez cette étape importante dans la case dédiée au trimestre en cours. Ensuite, notez toutes les actions que vous devrez entreprendre pour parvenir à votre objectif à la fin de ce trimestre.

Cela va servir de plan d'action à haut niveau pour les trois prochains mois. Répétez cela pour chacun des trois principaux objectifs.

Vous devez compléter votre étape et vos actions pour le trimestre en cours uniquement. Vous compléterez le reste plus tard, en fonction de l'avancée réalisée au cours du trimestre achevé. Procédez ainsi pour chacun des objectifs listés dans votre top 3.

À ce stade, vous pouvez être fière de vous car vous avez écrit les grandes lignes de ce que vous ne voulez pas, vous avez décrit votre journée parfaite, établi votre vision à « dans dix ans » et pour l'année à venir, défini une vision claire pour chacun des aspects de votre vie et vous avez résumé tout cela dans en trois principaux objectifs.

Félicitations ! Je le disais plus haut, vous vous êtes vraiment mise au boulot, cela montre votre détermination à aller de l'avant.

À partir de maintenant, après avoir planifié ce que vous voulez, vous allez planifier comment obtenir ce que vous voulez. Vous entamez un nouveau chapitre dans votre volonté d'intégrer le club des Mompreneures modernes.

Souvenez-vous que vos trois objectifs principaux sont ceux sur lesquels vous devrez rester concentrée toute une année donc, vous aurez besoin d'agir de manière constante si vous voulez les atteindre. En d'autres termes, vous avez besoin de les décomposer en actions précises pour en faire des objectifs atteignables.

Les fiches que je mets à votre disposition vous permettent de décomposer ces trois objectifs majeurs en plusieurs étapes à franchir par trimestre.

2. Mettez en place des actions tous les mois

Avez vous eu l'impression que le mois dernier s'est écoulé trop vite ? Je parie que la réponse est « oui » parce que, si vous êtes comme moi, vous ne pouvez plus vous rappeler la dernière fois où vous aviez le sentiment que les mois et les semaines ne filaient pas à grande vitesse (au lycée, peut-être ?). Entre les rendez-vous chez le docteur, les courses, les réunions de travail, les brunchs du week-end entre amis, les petites haltes à l'épicerie du coin avant de rentrer à la maison et les coups de fil aux copines qui durent deux heure (juste pour savoir comment chacune va), la vie est surchargée.

Si vous n'êtes pas prudente, non seulement les

mois vont vraiment filer à grande vitesse mais encore, il en ira de même pour vos objectifs, qui ne seront pas atteints à moins de conserver la concentration nécessaire.

Avoir une perspective mensuelle reste de fait une excellente idée pour atteindre ses objectifs.

Application 8

Penser à votre avenir, dans dix ans, dans un an et même, dans quatre-vingt dix jours ouvre une bonne visibilité sur vos projets mais réviser vos objectifs tous les mois va vous aider à progresser... plus rapidement.

Comme le chou vert continue à rétrécir au fur et à mesure que vous le laissez mijoter sur le feu, vous devez faire bouillir vos objectifs sans cesse. Il n'y a rien de plus puissant que de travailler sur ses objectifs mois par mois.

Téléchargez votre fiche mensuelle des actions à mener. Il y en a une pour chaque mois, que vous pourrez télécharger autant de fois que nécessaire.

Rendez-vous sur le blog bossetmaman.com et récupérez la fiche d'activité intitulée *Mois en cours / Action à mener*

Chaque mois pour chacun de ces objectifs du top 3, posez-vous la question suivante :

- Quelle est l'étape importante que j'ai besoin de franchir ce mois-ci pour progresser vers mon étape trimestrielle ?

Voyez-vous comment tout fonctionne, en coordonné, pour former un ensemble ? Une fois que vous avez inscrit vos étapes mensuelles dans les cases correspondantes, faites une liste des actions nécessaires pour franchir chaque étape de votre top3, c'est simple !

Comme vous l'avez fait pour la fiche d'actions trimestrielles, remplissez uniquement les actions pour le mois en cours. Vous allez compléter le reste au fur et à mesure que vous progresserez au cours de l'année. Alors, plongez tout de suite dans le mois en cours et mettez-vous au travail !

3. Mettez en place des actions chaque semaine

Cinquante-deux semaines, c'est tout ce dont nous disposerons, vous et moi, au cours des douze prochains mois.

Bien sûr, c'est tout ce dont vous disposez chaque année mais est-ce que vous appréciez vos semaines telles qu'elles se déroulent actuellement ? Est-ce que vous débutez votre semaine avec l'enthousiasme et l'attention qu'elle mérite ?

La plupart des gens gaspillent leurs semaines. Ils se plaignent lorsque c'est lundi et accomplissent machinalement des gestes quotidiens jusqu'au vendredi puis, ils passent un samedi très festif, avec pour résultat des sueurs froides tout le long du dimanche parce que, eh bien, comme par hasard, demain est déjà lundi. Comme si lundi n'était pas survenu au même moment la semaine passée ! Quelle triste façon de vivre sa vie.

Cela ne signifie pas nécessairement que ce sera votre cas ! Si vous avez ce livre entre les mains, c'est que vous prenez conscience de la valeur inestimable que vous représentez. Vous savez ce que vous voulez, vous avez des objectifs et vous savez où vous allez. Alors, vous allez utiliser vos cinquante-deux semaines à dessein.

La détermination, c'est essentiellement de cela dont il s'agit. Maîtriser votre semaine est l'une des meilleures façons d'établir des objectifs quant à ce que vous voulez obtenir. Dans les activités précédentes, vous divisiez vos trois premiers objectifs de l'année en importantes étapes trimestrielles puis mensuelles.

Vous faites la même chose pour l'activité suivante intitulée Semaine / Actions à mener en gardant à l'esprit les étapes importantes que vous vous êtes fixées ce mois. Chaque mois, remplissez les fiches en complétant les étapes importantes de chaque semaine du mois en cours.

Application 9

Lorsque vous parvenez à votre étape hebdomadaire importante, posez-vous la question :

- Quelle est l'étape importante que je dois atteindre cette semaine pour pouvoir atteindre mon étape mensuelle importante ?

Complétez l'étape importante de la semaine en cours dans la case correspondante et notez les actions à mener qui vont avec dans la case adjacente. Faites cela pour chacun de vos trois principaux objectifs.

Assurez-vous de télécharger vos fiches puis de les imprimer en autant d'exemplaires que vous avez besoin. Utilisez-les chaque mois !

Rendez-vous sur le blog bossetmaman.com et récupérez la fiche d'activité intitulée *Semaine / Action à mener*.

4. Mettez en place des actions tous les jours

Nous parvenons au terme de cette étape. Tout ce que vous avez fait jusqu'à présent est essentiel pour vous conduire à ce stade-ci. Écrire ses visions et établir des objectifs sont d'excellents outils pour vous assurer une réussite mais, en fin de compte, ce sont les choses que vous faites au quotidien qui importent le plus pour obtenir ce que vous voulez.

Vous êtes ce que vous faites au quotidien. Il n'y a pas de moyen plus simple de le dire. C'est la vérité la plus paradoxale que je connaisse pour obtenir ce que vous voulez, au regard d'une journée tellement insignifiante dans l'immense océan de votre vie. Cependant, ceci ne pourrait être plus éloigné de la vérité.

Pour citer un des passe du livre de Jeff Olson, Le léger Avantage (The Slight Edge) : « La vérité c'est que ce que vous faites compte. Ce que vous faites aujourd'hui compte. Ce que vous faites chaque jour compte. Les gens qui ont réussi font seulement des choses qui semblent ne faire aucune différence dans l'exécution de l'acte et ils les refont maintes fois jusqu'à ce que l'effet boule de neige s'installe. ».

Je souhaite plus que tout, pour vous, le déclenchement de l'effet boule de neige.

Application 10

Pour vous permettre d'y arriver, j'ai inclus une fiche d'activité conçue pour vous aider à agir au quotidien.

Je vous invite à télécharger votre fiche en suivant le lien de la courte vidéo explicative.

Rendez-vous sur le blog bossetmaman.com et récupérez la fiche d'activité intitulée *Aujourd'hui*

Utilisez quotidiennement cette fiche pour vous assurer de progresser dans la bonne direction vers vos objectifs.

Dans la partie supérieure de la page, notez vos trois principaux objectifs de l'année, dans la partie centrale, les trois choses essentielles et importantes à réaliser dans la journée pour ces objectifs et enfin dans la partie basse, les choses diverses ou autres inspirations que vous voulez faire/suivre au cours de votre journée.

Imprimez la feuille d'activités en plusieurs exemplaires et utilisez-la chaque jour.

Étape 5 : Créez votre marque

La création d'une marque en tant que telle est assez simple. Simple au sens qu'il suffit d'avoir une idée de nom et d'enregistrer ce nom auprès de l'INPI, L'Institut National de la Propriété Industrielle. En revanche, faire la différence est plus compliqué. Ce qui fait la différence entre deux marques ciblant la même audience, c'est l'émotion qu'elles véhiculent, les valeurs qu'elles transmettent, leur raison d'être, en fin de compte – ce pourquoi certaines personnes préfèrent se tourner vers telle marque (qui éveille en elles des ressentis positifs), plutôt que vers une marque qui, de prime abord, sera perçue comme « sans âme ».

Pour parvenir à différencier votre marque sur le marché, à savoir ce qui vous rend unique, il vous faut connaître votre pourquoi.

Nous avons eu l'occasion de le voir succinctement dans un précédent chapitre ; le pourquoi est un élément essentiel, celui auquel vous vous rattachez quand vous rencontrez un obstacle ou lorsque vous avez envie d'abandonner votre projet – et qu'il ne le faut pas. Votre pourquoi doit être suffisamment fort pour vous motiver à maintenir le cap.

Gardez à l'esprit qu'il n'est jamais recommandé de débuter une activité sans connaître les raisons profondes (le pourquoi) qui vous poussent à le faire. Sans cela, vous prenez le risque d'abandonner votre projet à la moindre difficulté.

Pour en arriver à comprendre cela, plusieurs années de questionnements m'ont été nécessaires, plusieurs années de remise en question portant sur ce que je voulais faire et ce à quoi je désirais plus que tout apporter ma contribution. En effet, la notion de pourquoi, je l'avais toujours éludée plus ou moins adroitement parce qu'en mon for intérieur, je pensais connaître mes véritables motivations. Je me disais que c'était une perte de temps que de m'y pencher et que, concrètement parlant, ce ne serait pas en répondant à un pourquoi que je me sentirais plus heureuse.

Il y a quelques années, je rencontrai quelques difficultés dans ma société, d'abord je peinais à faire décoller les ventes et puis, je ne me sentais plus alignée avec le message que je voulais faire passer auprès de mon audience.

Parce que j'ai toujours mis un point d'honneur à comprendre les raisons de mon mal-être et à y remédier, j'ai alors découvert la notion de pourquoi. À plusieurs reprises, j'ai tenté d'y répondre mais je ne parvenais pas à adopter pour ce faire, le bon état d'esprit. Ce que je peux dire en revanche, c'est que j'ai connu plusieurs temps forts avec cette notion !

Deux d'entre eux m'ont particulièrement marquée.

Le premier temps fort était en juillet 2015, à l'occasion d'une rencontre Mastermind à Barcelone. Après avoir échangé avec plusieurs entrepreneurs aguerris, entendu leur pourquoi, j'avais le sentiment de ne pas être à ma place. J'étais incapable de me projeter quand je parlais de ma première entreprise. Je ne parvenais pas à avoir cette étincelle qui les animait quand, eux, ils parlaient de leur entreprise puis, en discutant avec un pair au sujet de ce fameux pourquoi, je commençai à entrevoir l'intérêt de cette simple question : pourquoi ? Je me rappelle qu'il m'avait demandé comment je voyais mon entreprise dans vingt ans et je me souviens avoir répondu que je voulais plus que tout que ma marque de cosmétiques soit devenue la marque de référence de toutes les femmes afrodescendantes. Je le pensais de toutes mes forces.

Il y existe cependant une immense différence entre ce que vous voulez et pourquoi vous le voulez.

Le deuxième temps fort avec la notion de pourquoi se produisit en août 2019 quand, après dix jours de méditation silencieuse, j'ai commencé à suivre ma formation pour devenir Health Coach par le biais de l'Institute of Integrative Nutrition de New York. Le cours avait démarré en juin et peu de temps après, nous fut

posée la fameuse question, pourquoi faites-vous cela ? Quelles sont vos raisons profondes ? Encore une fois, j'ai éludé cette question mais, alors que je me trouvais submergée par de petites missions qui freinaient mon épanouissement et mes projets (notamment, la rédaction de mon livre), j'ai eu le sentiment de me retrouver à une autre époque de ma vie où je vivais une situation similaire, laquelle avait débouché sur un burn-out. J'étais en train de revivre un schéma habituel et cela n'augurait rien de bon. J'ai alors repris mes cours et me suis fait la promesse d'être plus consciencieuse et honnête.
Quand enfin la question du pourquoi est survenue, j'ai pris le temps de me poser et d'y répondre, en creusant puis en creusant plus profondément encore, de sorte que j'ai réalisé – enfin – ce qui me motivait réellement. J'étais enfin parvenue à apporter une réponse tellement limpide à cette question que je me demande encore aujourd'hui pourquoi je n'y avais pas pensé plus tôt !

Le désir que j'avais de faire de ma marque de cosmétiques la marque de référence des Afro -descendants, même si je le désirais à une époque, me montre aujourd'hui qu'en réalité j'avais envie d'impacter positivement la vie de plusieurs millions de personnes et en particulier, celle des femmes. Rappeler aux femmes quels sont les choix qui s'offrent à elles, leur rappeler qu'elles ne sont pas obligées d'accepter des situations qui ne leur procurent aucune satisfaction, sensation de bien-être, bonheur ou plénitude. Je voulais que mon nom résonne comme celui d'un modèle à suivre.

Comme le dit Sylvain Carufel (La Solution Est En Vous), le pourquoi est souvent lié à un grand niveau d'insatisfaction et cela devient un moteur suffisamment fort pour vouloir trouver une solution pour s'en sortir.

En comprenant cela, on s'assure d'être en phase avec chacune des décisions que l'on prend.

1. Identifiez votre « Pourquoi »

Si vous prenez la décision de vous lancer dans un nouveau projet et que vous lisez ce livre, c'est, je l'espère, dans le but de générer des revenus. Il est possible qu'à ce stade, vous n'ayez toujours pas choisi votre thématique mais ça, ce n'est pas grave. Votre pourquoi doit vous donner la force de contourner tous les obstacles et vous permettre de persévérer malgré les aléas que vous rencontrez.

Ce pourquoi peut prendre appui sur une douleur, une souffrance, un désir profond de changement, une recherche de bonheur... et c'est ce qui vous rend unique.

Tout au long de ce chapitre, je vais vous inviter à répondre à une série de questions. Elles ont toutes leur importance et vous devrez prendre le temps, véritablement, d'y apporter les réponses les plus précises possible quand cela est nécessaire.

Munissez-vous d'un cahier et d'un stylo. Prête ? C'est parti !

- Quelles sont les raisons pour lesquelles vous voulez faire de votre projet une réussite ?
- Quel serait, pour vous, le pire scénario à venir si vous n'agissez pas maintenant pour changer la situation ?
- Que cherchez-vous à atteindre ?
- Comment imaginez-vous votre vie si ce projet n'aboutissait pas ?
- Et si ce projet voyait le jour, qu'est-ce que cela changerait pour vous ? Quel impact cette réalisation aurait-elle dans votre vie ?
- Comment vous sentiriez-vous dès lors que vos objectifs seraient atteints ?

Encore une fois (je ne le dirai jamais assez), prenez le temps nécessaire pour répondre à ces questions. Rappelez-vous que plus vous serez précise maintenant, plus vous ciblerez facilement les personnes que vous voulez atteindre plus tard.

Vous réaliserez que vous réponses seront utiles pour les prochaines étapes.

2. Découvrez votre passion

Si vous manquez de visibilité sur votre projet, si vous n'avez pas encore défini la thématique sur laquelle vous avez envie de vous travailler ou si vous n'avez pas découvert votre passion, cette partie est idéale pour découvrir ce pour quoi vous vibrez. Pour développer une activité sur Internet et la mener le plus loin possible, vous devez avoir un intérêt suffisamment intense pour ce que vous souhaitez transmettre à votre audience cible.

Il peut arriver que vous n'ayez aucune passion mais en soi, cela n'a pas d'importance. En réalité, une passion ne se résume pas à une collection ou à une activité sportive. Il existe très certainement des sujets qui vous intéressent plus que d'autres, des sujets qui vous animent ; vous êtes sans doute abonnée à plusieurs chaînes Youtube, vous faites partie de plusieurs groupes sur Facebook et consultez volontiers les blogs qui abordent ce sujet ! Il se peut même que vos amis, votre famille ou vos collègues vous sollicitent régulièrement pour cette chose bien spécifique que vous savez faire. Résumons-nous, le sujet en question n'a presque aucun secret pour vous, votre bibliothèque regorge d'ouvrages qui en parlent (d'ailleurs, vous êtes toujours prête à acheter le dernier paru), vous recevez plusieurs mails par jour sur ce même thème, vous êtes tout simplement incollable !

Pour vous aider à identifier votre thème de prédilection, répondez à de nouvelles questions.

De votre point de vue, quels sont vos plus grands succès – ceux pour lesquels vous ressentez de la fierté (en toute humilité bien entendu) ?

Quel est le domaine dans lequel vous avez plus de cinq années d'expérience ? C'est précisément en répondant à cette question que m'est venue l'idée de créer le blog bossetmaman.com car cela faisait très exactement cinq ans, ce jour-là, que j'entrais dans le royaume des Mamans pour la première fois.

- Dans quel domaine avez-vous obtenu des résultats concrets sur une période significative ?
- Quand vos amis, vos collègues ou votre famille vous sollicitent, c'est en général pour quelles raisons ?
- Pour quelles raisons êtes-vous appréciée de vos proches ou des personnes que vous rencontrez ?
- Imaginez que l'argent ne soit pas important et que vous n'ayez aucune contrainte, que feriez-vous de votre temps ? Si vous suivez les étapes dans l'ordre, vous avez très certainement répondu à cette question lors de l'étape 2, si besoin reprenez votre réponse et approfondissez-la.
- Quand on pense à vous à quoi vous associe-t-on ?

- Vous avez toujours voulu l'avoir sans jamais y parvenir, qu'est-ce que c'est ?
- Quelle est votre plus grande source d'angoisse ? Qu'est-ce qui vous donne ce sentiment d'échec ? Que redoutez-vous le plus ? Quelles sont vos faiblesses ?
- Quand vous étiez plus jeune (cela peut être durant votre enfance ou même, à l'adolescence), quelles personnes, quelles choses vous inspiraient ? Que rêviez-vous faire ?
- Projetez-vous dans un futur lointain, celui où vous seriez entourée de vos petits-enfants, qu'aimeriez-vous leur raconter sur votre vie ?

Encore une fois, prenez le temps de répondre à chacune des questions posées. Prenez le temps d'analyser ce que vos réponses éveillent en vous comme sensations et faites doucement la synthèse : votre passion, votre thème de prédilection, devraient se dessiner à présent ! Il y a des points de concordance entre vos réponses, entre vos souhaits et la manière dont on vous perçoit, entre vos dons et ce pourquoi on vous sollicite ; parallèlement, vos craintes et vos faiblesses précisent cette ligne directrice en y posant des contours.

Nous allons poursuivre et voir si le thème que vous voulez développer au travers d'une activité en ligne rentable a du potentiel.

3. Définissez votre client idéal

À présent que vous connaissez votre passion, le sujet qui vous va comme un gant, nous entrons dans un chapitre décisif ! Celui qui doit vous permettre de découvrir votre client idéal. Votre client idéal ou « avatar » est la personne à laquelle vous vous adressez directement et à qui vous savez que vous pouvez apporter des solutions bien spécifiques.

Si vous ne savez pas à qui vous vous adressez, vous risquez à coup sûr de perdre du temps, de l'énergie et de l'argent.

Plus vous serez précise dans le portrait de votre avatar, plus vous attirerez les bons clients – ceux avec lesquels vous aurez réellement envie de travailler.

Une erreur que beaucoup commettent à leurs débuts, c'est de vouloir s'adresser à tout le monde or, à vouloir plaire à tout le monde, au final on ne plaît à personne car on affaiblit la portée du message que l'on veut transmettre.

Par le biais de ce chapitre, en répondant aux questions que je vous poserai, vous allez brosser le tableau spécifique de votre client idéal pour vous assurer que vos produits ou services s'adressent aux bonnes personnes. Je vous rassure, si vous n'avez pas encore de produits, nous verrons dans les prochaines étapes comment en créer ! C'est parti.

Avez-vous entendu parler de la loi de Pareto, souvent appelée le principe des 80-20, qui dit qu'environ 80% des effets sont le résultat de 20% des causes ? Ce principe s'observe dans de nombreux domaines y compris celui du Web marketing.

80% des revenus que vous allez générer avec votre activité proviendront d'environ 20% de vos clients. De ce fait, 80% des clients restant seront ceux pour lesquels vous dépenserez davantage de temps et d'énergie mais également, ce seront eux qui risqueront de vous poser le plus de problèmes.

Revenons sur une note plus positive en allant plus loin dans le raisonnement de cette loi. Prenez 20% des 20% de clients qui génèrent 80% de vos revenus, cela représente un peu moins de 2%. Ces 2% constitueront la liste de vos clients les plus réguliers, ceux qui s'impliqueront réellement dans ce que vous leur proposerez et qui obtiendront des résultats tangibles. Ce sont ces mêmes personnes qui deviendront vos prescripteurs auprès d'autres parce qu'elles sont satisfaites et qu'elles vous font confiance.

Pour développer votre activité, vous devez vous concentrer sur les personnes qui passent à l'action, celles précisément qui font partie des 20% qui génèrent vos revenus. Néanmoins, si vous désirez augmenter la qualité de votre clientèle, vos outils de promotion, vos vidéos de vente et même, votre contenu gratuit, devront s'adresser à cette audience.

Concentrez-vous sur ces clients, faites-en votre priorité car c'est eux qui doivent réaliser qu'en investissant dans vos produits, ils retireront plus de valeur que ce que leur aura coûté leur investissement. En plus de gagner du temps, vous vous concentrez sur des gens qui voient l'opportunité dans vos produits et passent à l'action.

Toutefois, vous devrez toujours offrir du contenu de qualité aux personnes intéressées par vos produits mais qui n'ont pas encore les moyens de se les offrir.

Pour mettre en pratique toutes ces choses, il est nécessaire de créer votre avatar. Il ne sert à rien de concevoir un produit parfait si vous ne savez pas à qui vous voulez l'adresser ! Essayez plutôt de servir votre client idéal.

À vous de répondre aux questions.

- Votre client idéal est-il une femme ou un homme ?
- Quel est le niveau d'études de votre client idéal ?
- Que fait votre client idéal dans la vie ? Qu'exerce-t-il comme profession ?
- Quel est le revenu annuel ou mensuel de votre client idéal ?

- Votre avatar est-il propriétaire ou locataire de son logement ? S'il est propriétaire, quelle serait la valeur de sa maison ?
- Votre avatar réside t-il plutôt en ville, à la campagne ? Dans quel type de quartier ?
- Quel est la situation amoureuse / familiale de votre avatar ?
- Quel est son comportement sur Internet ? Passe t-il du temps sur les réseaux sociaux ? Quel genre de sites visite-t-il ?
- Quelles sont ses qualités, ses opinions politiques, sa philosophie de vie sur l'argent, sur le monde ?
- Quelles sont les qualités que votre avatar ne devrait pas avoir ?

À présent que vous avez pris le temps de répondre aux questions, je vais vous demander d'imaginer que vous êtes assis en face de votre client idéal. Vous prenez un verre ensemble et vous en profitez pour l'interroger à votre tour :

- Qu'est-ce que vous aimez dans la vie ?
- Qu'est-ce que vous détestez ?
- Qu'est-ce qui se passe de bien dans votre vie ?
- Qu'est-ce qui se passe de mal dans votre vie en

ce moment ?

- Si vous aviez la possibilité de changer quelque chose dans votre vie, maintenant, qu'est ce que ce serait ?
- Quels changements immédiats feriez-vous dans votre vie si vous le pouviez ?
- Quels sont vos plus grands rêves ?
- Quelles sont vos trois plus grandes frustrations ?
- Quelle est votre plus grande crainte ?
- Quels sont vos plus grands conflits intérieurs ? Qu'est-ce qui vous tiraille ?
- Que devriez-vous penser de mon produit ou de mes services pour être en mesure de le choisir et de passer à l'action ?
- Quels sont les préjugés et les objections que vous entretenez en voyant mon offre ?
- Qu'est-ce qui pourrait vous empêcher d'obtenir les résultats que mon offre vous promet de décrocher ?

N'oubliez pas que ces questions sont celles que vous posez à votre client idéal. Une chose que je dis souvent à mes clients, c'est qu'en général, ils connaissent déjà leur avatar. Il s'agit très souvent d'un ami, d'un collègue, d'une connaissance ou peut-être même, d'un membre de leur famille. En répondant à ces questions, vous concevrez mieux votre projet et préciserez l'étendue de vos services.

J'ai conscience que cela représente beaucoup de questions mais il y a une raison à cela. En tant que maman entrepreneure, votre temps est précieux ; mon objectif est donc de vous permettre d'aller au but, sans détours. Pour cette raison, je vous invite à la répétition et nous travaillons, ensemble, « dans le dur », pour que vous ressortiez de cette lecture non pas seulement inspirée mais formée, prête à passer à l'action !

Poursuivons donc. Vous avez posé une série de questions à votre avatar, à présent, écrivez ce qui vous vient à l'esprit en lisant ces nouvelles questions. Il n'y a pas de bonnes ou mauvaises réponses.

En supposant votre offre disponible :

- Qu'est-ce qui empêche vos clients potentiels d'investir dans votre offre ?
- Pourquoi n'ont-ils pas encore obtenu de résultats ?
- Pourquoi ne possèdent-ils pas déjà cette chose qu'ils désirent tant ?

Les réponses à ces questions vont devenir la structure de votre produit. Elles facilitent la création de votre offre en clarifiant la nature des services dont vous voulez enrichir votre audience.

Cette étape représente une part importante dans la création de votre business. Prenez le temps de vous relire et d'approfondir vos réponses si cela est nécessaire.

Après avoir répondu à toutes ces questions, votre projet doit être plus clair pour vous ! Vous êtes parvenue à mettre des mots précis sur votre client idéal, vous allez donc pouvoir enfiler votre casquette de détective et partir à sa recherche.

Planifiez une vingtaine de minutes par jour, au cours des deux prochaines semaines, pour rechercher les sites que fréquente votre avatar, rejoindre les groupes Facebook dans lesquels il est présent, visiter les forums qu'il affectionne, découvrir les livres et les magazines dont il raffole.

Sur les forums et groupes fréquentés par votre client idéal, par exemple, intéressez-vous aux questions posées et lisez les réponses qui leur sont apportées.

Pour ce qui est des livres, si vous connaissez la thématique qui intéresse votre avatar, rendez-vous sur le site Amazon et voyez, dans la catégorie qui l'intéresse, quels sont les livres les plus lus, ceux qui détiennent le plus de commentaires ; ce centre d'intérêt est validé par votre client donc, il y a ici une place potentielle pour votre offre.

Pour en être certaine malgré tout, il va falloir vous assurer que le marché cible répond aux six critères que je vais détailler dans le prochain chapitre. Ce n'est que grâce à cette étape que vous pourrez vous garantir que votre projet est en mesure de vous assurer un revenu.

Étape 6 : Analysez votre marché

Précédemment, vous avez vu comment créer et définir le profil de votre client idéal. Dans ce chapitre, nous allons procéder à une vérification de votre marché et voir si votre passion peut être monétisée. Le succès de votre projet est directement lié à votre capacité d'identifier, de comprendre et d'attirer votre client idéal pour lui proposer vos produits et services.

Vous possédez désormais de précieuses informations pour évaluer votre marché grâce aux informations recueillies sur votre client idéal mais, avant de vous lancer, vous devez savoir qu'un bon marché répond à des critères bien spécifiques. Très souvent, quand on débute, on est tellement excité à l'idée de pouvoir enfin vendre notre produit qu'on est prêt à le proposer à tout-va ! Or, tenter de vendre ses produits et services à un marché qui ne répond pas aux bons critères est perte de temps et source de frustration.

Un des facteurs les plus importants dans la réussite de votre projet est la maîtrise de votre marché. Voici les critères essentiels qui vous permettront de choisir un marché viable.

1. Premier critère : un problème précis

Avant de vouloir vendre vos produits aux premiers venus, vous devez vous assurer que vos clients potentiels, ceux qui composent votre marché, ont un problème très précis à résoudre et auquel vous pouvez apporter une réponse. Ce que l'on entend par « problème », c'est quelque chose qui tourmente régulièrement votre client, dont il ne peut se défaire seul. Quelque chose même, de susceptible de l'empêcher de dormir la nuit. Ce client doit ressentir un besoin urgent de résoudre ce problème.

2. Second critère : un grand marché

Ensuite, vous devez vous assurer que de très nombreuses personnes ont ce problème, que vous vous adressez à un grand marché. Assurez-vous que votre marché soit déjà constitué de clients potentiels intéressés par votre type d'offre. Ne prenez pas le risque – à moins qu'il ne soit voulu et calculé, de vous engager sur un marché restreint, dont personne n'a jamais entendu parler. Vous risqueriez de peiner à trouver des clients.

3. Troisième critère : ne jouez pas à cache-cache

Vos clients potentiels doivent être faciles à trouver. Cela doit être simple pour vous de faire connaître votre message, vos produits ou vos services à vos clients potentiels, que ce soit par le biais d'Internet ou en personne. Imaginez un peu ! Ajoutez à vos actions quotidiennes de mère et conjointe le travail que vous venez d'accomplir, s'il vous faut encore braver je ne sais combien d'épreuves pour trouver vos clients potentiels, je ne donne pas cher de la longévité de votre projet !

4. Quatrième critère : le nerf de la guerre

Cela peut surprendre mais pour que votre marché et donc votre projet, soit viables, vos clients potentiels doivent disposer d'argent à dépenser pour résoudre leur problème. Ok, vous êtes altruiste, vous voulez aider votre prochain et c'est normal, c'est pourquoi vous continuerez à faire du contenu gratuit de qualité, justement à l'intention de ces personnes qui ne peuvent pas se payer vos services mais, si vous voulez vous borner à vendre vos produits à des personnes qui n'ont pas d'argent, vous risquez l'épuisement. Donc s'ils ne répondent pas à ce critère, vous perdrez votre temps.

5. Cinquième critère : la valeur

Si vos clients potentiels ont l'habitude de payer pour obtenir des solutions à leurs problèmes c'est qu'ils comprennent la valeur de ce que vous avez à offrir. La valeur tient en la promesse que vous leur faites et en le résultat que vous garantissez s'ils suivent vos recommandations. Vous leur promettez de gagner plus de temps, d'atteindre rapidement leurs objectifs, vous leur apportez des solutions, des informations qu'ils ne trouveront pas sur Internet gratuitement.

6. Sixième critère : un peu de vous

Votre marché doit être composé de profils de personnes que vous voulez réellement aider. Vous devez ressentir un élan de compassion, d'empathie envers ces personnes que vous voulez aider. Votre message n'en sera que plus fort et sera entendu par vos clients potentiels. Sans cette envie profonde de transformer la vie de votre avatar, au bout de quelques semaines, vous vous désintéresserez de son problème et les solutions que vous voudrez apporter ne correspondront pas à celles recherchées par votre client potentiel.

7. Septième critère : l'envie d'être aidé

Vous devez vous assurer que les personnes qui composent votre marché peuvent être aidées. En effet, il arrive que certaines personnes ne se sentent pas encore prêtes ou refusent toute aide extérieure. N'insistez pas ; là aussi vous perdez votre temps.

Ce que j'essaie de faire comprendre dans ce chapitre c'est que, si vous avez le désir de développer une activité sur Internet, que vous la voulez rentable, vous ne pouvez pas vous accorder le luxe de perdre du temps.

En somme, si votre marché répond à tous les critères précités, alors vous êtes sur la bonne voie et votre activité à de fortes chances d'être un succès.

Quand vous aurez la garantie que votre marché répond aux critères mentionnés et donc, qu'il est viable, ce sera le moment pour vous d'approfondir vos recherches.

Réservez une nouvelle fois une vingtaine de minutes par jour pour les deux prochaines semaines afin de vous y atteler. Vous obtiendrez une excellente compréhension de votre marché et serez à l'aise par rapport à vos concurrents qui, eux, n'auront pas poussé la réflexion aussi loin que vous !

Commencez par identifier vos principaux concurrents ; où les trouve-t-on ? Sur Facebook, Instagram, Twitter, LinkedIn ? Ont-ils un blog ? Ont-ils des groupes privés sur Facebook ?

- Ont-ils des followers ? Sont-ils engagés ?
- Quels sont les produits et services qu'ils proposent ? Quels sont les tarifs de leurs produits et services ?
- Quelles sont les forces et les faiblesses de vos concurrents ?
- Quel(s) mode(s) de promotion utilisent-ils pour faire connaître leur produit et services ?

Actuellement, quelle est la taille de votre marché ? Est-ce un marché qui existe depuis des dizaines d'années ou est-il plutôt récent ? Est-ce un marché qui regroupe des milliers de personnes ou est-ce un micro-marché ?

Avez-vous identifié les tendances actuelles de votre marché ?

8. Créez votre storytelling

Quand vous débutez votre activité et que vous devez vous présenter, il vous faut raconter votre histoire de manière à ce que l'on retienne qui vous êtes et ce que vous faites. Le storytelling, c'est l'art de proposer une histoire suffisamment puissante pour communiquer un message clair avec beaucoup d'impact afin de transformer vos prospects en clients. Une histoire bien construite, même simple, a le pouvoir de faire passer les gens à l'action s'ils se sentent inspirés. Pour parvenir à conserver vos futurs clients attentifs (rappelez-vous, conserver un client est aussi important que de l'attirer), il faut absolument qu'ils comprennent, d'une part, que les informations que vous leur présentez vont les aider à s'épanouir et d'autre part, qu'ils réalisent que les actions qu'ils devront mener ne leur demanderont pas trop d'énergie pour implémenter ces informations.

N'avez-vous jamais constaté qu'il est plus facile pour vous de retenir une histoire que l'on vous a racontée qu'une leçon apprise à l'école ? Essayez, par exemple, de vous souvenir de la leçon sur le prétérit étudiée en conjugaison de langue anglaise quand vous étiez au collège. Difficile, n'est-ce pas ? À présent, tâchez de vous remémorer une histoire racontée par votre grand-mère dans laquelle elle évoquait son enfance, les conditions dans lesquelles elle vivait avec sa famille. Votre souvenir n'est-il pas plus précis ?

Je vous rassure, vous n'aurez pas besoin de raconter une histoire longue car nous sommes dans une ère où tout va vite, où l'on a tendance à zapper rapidement, sur Internet, sur les réseaux sociaux. Clairement, même si votre histoire est magnifique, elle ne doit pas être trop longue.

Il existe un moyen de raconter votre histoire sans

qu'elle ne dure des heures, ce qu'a identifié David Jay, créateur de La Révolution Vidéo et du programme Profession Infopreneur, lorsqu'il parle de storytelling furtif.

Il explique que par le biais d'un mécanisme cérébral appelé « recherche transdérivationnelle », notre cerveau fait le lien de façon presque automatique entre plusieurs séries de mots ou d'images pour combler les vides et comprendre tout ce qui n'a pas été dit ou montrée au sein de l'histoire à proprement parler. C'est quelque chose que tout un chacun pratique au quotidien sans en avoir conscience.

David Jay donne l'exemple d'un film qui, par définition, raconte une histoire. Nous regardons un enchaînement de plans faits de quelques actions clés et notre cerveau construit des liens pour nous rendre l'histoire crédible et fluide.

C'est cela, la recherche transdérivationnelle, la faculté de notre cerveau à connecter entre eux les éléments clés d'une histoire, pour comprendre tout ce qui n'est pas montré dans un événement, les liens de cause à effet entre deux actions, les émotions ressenties par les personnages ! C'est à quoi nous ferons référence pour créer votre storytelling.

On va recourir aux caractéristiques du storytelling pour transmettre efficacement votre message en présentant quelques éléments, quelques mots, pour que vos futurs clients puissent comprendre clairement votre message.

Dans son approche du storytelling furtif, David Jay identifie sept éléments distincts et essentiels qui facilitent la transmission d'un message et donc, la captation de l'attention de vos futurs clients.

9. Les différentes étapes du storytelling

- Le Héros

  Le héros, c'est votre avatar. Il aspire à une vie meilleure donc, ce qui va intéresser votre futur client en principal, c'est une histoire dont lui-même est le héros, aucunement celle de votre marque, de votre produit ou service ni même la vôtre !

- Le Problème

  Votre héros ou futur client a un problème. Ce problème lui est nuisible, l'empêche de dormir et le rend malheureux. Il est en quête d'épanouissement et de solutions pour résoudre ce problème.

- Le Guide

  Votre héros, dans sa quête, veut trouver un guide qui le comprend et vous vous positionnez en tant que guide car vous avez identifié son problème, vous connaissez sa souffrance. Vous y avez probablement été confrontée à une période de votre vie.

- Le Plan d'Action

  En tant que Guide, vous fournissez au Héros un plan d'action pour l'aider à accomplir sa mission. Le plan d'action sera suffisamment détaillé et précis pour lui permettre de se sentir capable de le suivre.

- L'Appel à l'Action

  Vous devrez inciter le Héros à passer à l'action pour résoudre son problème. Sans cela, il fera face à des enjeux dont il doit avoir connaissance – et vous vous chargez de les lui rappeler.

- Les Enjeux

  Il y a deux types enjeux à considérer qui constituent les points 6 et 7 de votre storytelling :

  - Si le Héros ne passe pas à l'action immédiatement, quelles sont les conséquences pour lui, son entourage et sur sa vie ?

- Si le Héros décide de passer à l'action, que se passera t-il ?

Je vous le rappelle, notre cerveau sait faire le lien entre ces éléments de façon automatique et inconsciente. C'est la raison pour laquelle, lorsque vous serez amenée à écrire un texte, un e-mail, une page de vente et même, à rédiger le contenu de la page d'accueil de votre site, vous devrez vous assurer que les sept principes du storytelling y sont présents de manière que votre futur client s'identifie en tant que héros de votre texte.

En fin de compte, grâce au travail de recherche de votre avatar, que vous aurez réalisé de façon consciencieuse, vous êtes en mesure de bâtir votre storytelling en tenant compte des réponses que vous apportées à ces nombreuses et essentielles questions.

Étape 7 : Choisissez votre format de produit

Que voulez-vous vendre ? Que voulez-vous proposer à votre client idéal ? Qu'avez-vous à offrir ? Ce sont là les questions que vous devez vous poser avant de lancer votre business. Dans l'étape précédente, nous nous sommes assurées que vous vous adressiez aux bonnes personnes.

À présent, nous allons faire en sorte que le produit que vous allez créer cible les besoins réels de votre clientèle. De cette façon, vous maximiserez vos chances de monétiser votre business.

Souvent, les grands marketeurs – notamment les marketeurs américains – recommandent de vendre son produit avant de le créer. Pour ma part, j'ai longtemps conçu des doutes quant à ce procédé. Je ne trouvais pas cela honnête vis à vis de mes futurs clients ! Après avoir malgré tout testé cette méthode, à plusieurs reprises, je me suis rendu compte que ça fonctionne plutôt bien.

En effet, ce qui se passe quand on crée un produit, c'est que l'on y met beaucoup d'énergie, beaucoup d'amour et, au moment de le vendre, on réalise qu'il est possible de ne pas récolter les retombées attendues... Ce qui devient une source de frustration et peut freiner la progression voire, empêcher les personnes engagées de poursuivre leur route... Trop dommage.

Il est préférable d'initier le produit, de le vendre puis en fonction des retours qui vous sont faits, de le finaliser à l'intention de vos réels clients. Vous proposerez alors un produit en phase avec les attentes de ces clients et, élément non négligeable, vous serez payée pour développer votre produit ! Inutile de nier que cela constitue un atout, notamment en ce qui concerne la réduction du degré de stress considérable que l'on peut éprouver au moment de débuter une activité. J'ajouterais que c'est également un excellent moyen de vaincre la procrastination parce que vous savez que chaque semaine, vous avez concrètement des clients à satisfaire. Ils attendent votre nouveau contenu.

Tout ce que vous devez savoir avant de définir le format de votre produit, c'est comment le créer d'excellente qualité, comment proposer un produit que vous parviendrez à vendre. Vous verrez comme il est simple d'inverser la façon traditionnelle de faire les choses en commençant tout bonnement par la fin !

Qu'allez-vous donc faire ? Concentrer votre énergie à préparer une offre irrésistible pour votre clientèle, qui vous permettra d'aller à la rencontre de partenaires. Créer des partenariats sains est un moyen de retirer un taux de stress considérable de la balance. Grâce à eux, vous savez, d'emblée, que vous pourrez toucher un maximum de personnes. C'est en effet plus rassurant de développer un partenariat solide sur lequel vous pourrez vous appuyer et développer votre business que de débuter seule, à l'aveugle !

Quand je me suis lancée, je ne croyais pas aux partenariats gagnant-gagnant pour la simple raison que je ne voyais pas comment les deux parties pourraient trouver un accord. Pour moi, cela revenait à engager un commercial sans lui donner de fiche de paie ! Il m'a fallu cinq ans pour réaliser qu'il ne s'agit que d'une question de croyances et de mindset. Alors que j'ai attendu d'avoir conçu intégralement mon tout premier programme pour le proposer à la vente, seule dans mon coin, aujourd'hui, je me contente de créer 20 à 25% du produit puis, je me tourne vers mes partenaires, qui vont m'aider à vendre ; ainsi, j'ai la garantie de faire des ventes ! Simplement, en fonction des retombées, j'ajuste mon contenu pour qu'il corresponde au mieux aux attentes des clients.

C'est comme ça que j'ai créé et vendu mes programmes d'abonnement en ligne, dont l'un accompagne les coaches, thérapeutes et consultants dans l'édition de leurs livres-expert et l'autre aide les femmes à trouver l'équilibre dans les six piliers principaux de leur vie.

1. Ce qu'il vous faut comprendre... pour vendre

Il est important de comprendre que l'essentiel du processus que vous mettez en place ne tient pas tant dans le format que dans la qualité du contenu et l'efficacité de la solution que vous allez proposer à votre audience.

Plus vous apporterez de qualité et de valeur à vos produits et services, plus votre cible les appréciera et plus simple ce sera pour vous de diversifier vos formats de produits. En effet, satisfaits de ce que vous produisez comme contenu, quand bien même vous faites évoluer votre format, vos clients suivront.

Pour vous donner un exemple, imaginez que vous ayez l'habitude de recourir à telle une marque de cosmétiques. Vous appréciez la qualité des ingrédients utilisés, le message que la marque véhicule et les services annexes. Si cette marque décide de changer le format de ses emballages tout en garantissant une qualité identique de produits et services, vous continuerez à lui être fidèle !

Concernant le business en ligne, c'est la même chose. Ne cessez nullement d'élever la qualité du contenu que vous fournissez à votre audience. Apportez des solutions concrètes à ses principales problématiques même si cela doit émaner de votre propre expérience.

Demandez-vous quelle est votre audience idéale, quel est votre client idéal – nous l'avons vu au chapitre précédent puis, demandez-vous pourquoi votre client n'est toujours pas parvenu à obtenir ce qu'il veut. Vous devez comprendre pourquoi, à ce jour, il ne possède pas la solution à son problème. Qu'est-ce qui l'empêche de réussir dans sa démarche ?

Observez ses croyances, quelles sont-elles ? Quels sont ses défis personnels, ceux qu'il rencontre au quotidien ? Quelles sont ses principales difficultés ?

Mettez vous dans la peau de votre client idéal pour répondre à ces questions. Souvent, quand on créé un business en ligne, on s'appuie sur ses propres connaissances. Vos acquis, votre expérience, votre curiosité innée, votre besoin de maîtriser votre sujet ont fait de vous quelqu'un qui en sait plus que 80% des personnes sur Terre dans votre domaine de prédilection. Pour aider les autres et leur apporter cette solution, qu'ils recherchent, souvenez-vous de l'époque où vous cherchiez vous-même la solution. Qu'auriez-vous aimé que l'on vous dise ? Qu'auriez-vous aimez trouver plus tôt ? Quels sont les défis que vous avez personnellement rencontrés – et relevés ?

Qu'auriez-vous répondu à quelqu'un qui serait venu vous consulter pour un conseil sur le sujet ? Pensez bien que si vous parvenez à proposer une solution qui n'a jamais été mise en avant par vos concurrents, vous augmentez vos chances de vous positionner comme une référence dans votre domaine.

Votre client fait déjà partie de votre marché. Il recherche déjà une solution et peut-être même a-t-il déjà investi dans plusieurs réponses mais elles ne lui conviennent pas.

Il existe plusieurs formats de produits que vous pouvez proposer à votre audience. Dans cette partie, je vais vous expliquer comment identifier le format qui vous correspond. Toutefois, les avancées en marketing et technologie étant ce qu'elles sont – par avancées j'entends « progrès » et ils sont rapides – il ne sera pas surprenant que les formats que je vous présente évoluent au fil des prochaines années. De ce fait, ne vous attachez pas trop à un type de format, concentrez-vous encore une fois sur la qualité de votre contenu.

La meilleure des choses à faire est de faire confiance à votre instinct. Je ne peux pas vous imposer un format en particulier si vous n'êtes pas à l'aise avec lui. Vous êtes la personne la mieux placée pour identifier le meilleur format de produit qui fera parfaitement le lien entre vos connaissances et la transmission de votre savoir auprès de vos clients.

2. Site membre en ligne

Le premier modèle de format est le site membre en ligne. C'est un modèle très souvent utilisé quand on veut proposer des formations en ligne, qu'elles soient présentées au format audio ou vidéo.

Il s'agit de concevoir un site Internet privé qui vous permette de proposer du contenu exclusif et si possible, de qualité, à vos clients en leur expliquant étape par étape ce qu'il faut faire pour parvenir à tel résultat.

L'avantage de ce format est qu'il est susceptible de convenir à un grand nombre de personnes. Vos clients s'identifient sur le site à l'aide de leur identifiant et d'un mot de passe. Contrairement à ce que l'on pourrait croire, aujourd'hui un site membre en ligne est assez facile et rapide à mettre en place. Il est vrai que lorsque j'ai débuté, il y a une dizaine d'année c'était très complexe ; il y avait de quoi s'arracher les cheveux ! Il existe désormais des plateformes de support très fonctionnelles, telles que Systemeio, Learnybox ou encore Clickfunnel.

Pour bénéficier de bonus relatifs à toutes ces plateformes, je vous invite à vous rendre sur le blog bossetmaman.com à la rubrique Mompreneures et Couches-culottes.

3. Formation au format physique

Il y a quelques années encore, les formations se dispensaient sur VHS ou DVDs ! Aujourd'hui, on change le game et on propose des formations au format « livre », accompagnées de cahier d'exercices, du type workbooks. En fonction de la personnalité de votre avatar, il est possible qu'il préfère tenir le produit entre ses mains, avoir quelque chose de concret qu'il peut manipuler, utiliser sans condition particulière. Le livre est facile d'accès, votre client peut le ranger dans sa bibliothèque, sur son bureau. L'avantage de ce type de format tient dans le fait que l'impression peut se faire à la demande ; plus besoin d'avoir un stock pour commencer à vendre ! En effet, l'impression est réalisée une fois seulement que le client a validé son achat. Un autre avantage, c'est que vous confirmez votre position d'expert aux yeux de vos clients et de ceux qui ont l'occasion de voir votre produit chez lui.

Ce qui est moins cool en revanche, avec ce format, c'est que votre marge, dès le départ, est relativement faible au regard de l'information que vous transmettez. À vous par la suite d'associer un second format de produits plus avantageux financièrement parlant ; cela peut être une formation au format vidéo ou audio, livrée sur une plateforme Web et suivie de l'envoi du workbook par voie postale.

4. Programme à abonnement

On parle ici d'un programme accessible par Internet, à l'image du site membre mais dans ce cas, vous facturez vos clients à un rythme régulier puisqu'il s'agit de mettre en place un abonnement. La facturation se fait mensuellement et perdure jusqu'à ce que le client décide de mettre fin à l'abonnement.

Ce procédé vous permet de générer des revenus récurrents et plutôt stables. Bien entendu, pour faire connaître cette formule « à abonnement », il vous faudra mener plusieurs campagnes de lancement sur l'année ! Vous ferez ainsi entrer de nouveaux clients. Pensez à alimenter votre site en fournissant du contenu régulier, de qualité ou en proposant de nouveaux produits à vos clients à l'image d'un magazine dont on reçoit un nouveau numéro tous les mois.

Vous pouvez utiliser ce format quel que soit le business que vous décidez de mettre en place ; pour les cosmétiques, le coaching en nutrition, le développement personnel, les recettes de cuisine, l'activité de fleuriste...

Un tel type de format de produits demande de faire preuve de créativité, de renouveler régulièrement le contenu, d'interagir au moins une fois par mois avec vos abonnés de sorte que ces derniers aient envie de rester membres de votre site !

Vous devrez contrôler fréquemment ce qu'on appelle le taux de rétention - nombre de personne qui reste versus ceux qui s'en vont et vous assurer qu'il soit bon.

5. Programme de coaching

Un programme de coaching, par définition, vous permet d'offrir un accompagnement à vos clients. Il peut être proposé au format individuel (one-to-one) ou collectif (en groupe). Ce type de programme est utilisé dans de nombreux domaines (perte de poids, leadership, photographie, développement personnel, écriture, etc.).

À ma connaissance, les seules limites en matière de coaching – concernant ici les domaines d'application notamment mais également, les méthodes – sont celles que vous seriez susceptibles de vous imposer !

Avant de proposer mes programmes en ligne, j'ai suivi des entrepreneurs de façon individuelle. Au fil des rencontres avec mes clients, je me rendais compte que ce format était assez limitant car chacun ne dispose que de 24h dans une journée ; il faut pouvoir tenir le rythme ! Un format du type demande impérativement de définir le cadre de votre coaching, ce qui implique un temps de préparation. Quelles sont les limites à ne pas franchir, pour vous et pour votre client ? À mes débuts, je n'avais émis aucune limite et rapidement, j'ai été confrontée à recevoir des messages insistants à des heures indécentes... Face à cela, soit vous établissez des règles, soit vous facturez au triple votre prestation !

Certains clients peuvent exiger de vous plus que

d'autres...

Ma recommandation, au final, est d'associer le coaching, si vous le choisissez, à un autre format, pour multiplier vos sources de revenus.

Vous pouvez proposer vos services de coaching grâce à Internet en passant par des solutions de vidéoconférence comme Skype, Zoom.us, Appear.in ou encore Uberconference.

6. Programme de certification

Ce type de produit ne s'adresse pas à tout le monde. Le programme de certification ou programme diplômant permet que vous formiez vos clients à des techniques, des concepts – les vôtres – afin qu'ils les enseignent à d'autres en échange d'une licence, d'un diplôme ou d'un certificat que vous leur remettrez. Vos clients deviennent alors ambassadeurs de votre marque ! En ligne et/ou en présentiel, vous définissez la durée du programme et permettez à vos élèves d'apprendre puis d'enseigner des méthodes uniques.

C'est une façon de développer la portée de votre marque auprès de cibles que vous n'auriez pas identifiées. Pour différencier le programme de certification de la formation, il est souvent judicieux de réaliser des quizz de connaissance entre les modules ;

cela pour deux raisons.

La première est de conforter vos étudiants dans l'idée qu'ils comprennent ce qu'ils apprennent ; la seconde est de les encourager à poursuivre dans le temps imparti.

7. Mastermind

On appelle Mastermind un groupe de personnes réunies autour d'un objectif commun ; on parle donc ici d'un produit à très haute valeur ajoutée qui, à l'instar du programme de certification, ne s'adresse pas à tout le monde.

Deux années durant, comme je vous l'ai dit, j'ai eu la chance de faire partie d'un Mastermind Élite grâce auquel j'ai accédé à des connaissances et à des informations auxquelles je n'aurais jamais pu prétendre si j'étais restée inactive.

En général, les Masterminds se regroupent plusieurs fois par an, souvent en présentiel. À chaque rencontre, on définit les points sur lesquels il est utile de se concentrer, on ajuste si besoin la stratégie et l'on fixe des objectifs SMART, de sorte qu'à la prochaine rencontre, on puisse apprécier les résultats obtenus, les partager et éventuellement, procéder à de nouveaux ajustements.

De plus en plus, on voit des Masterminds se présenter sous la forme de site membre privé, avec des rencontres mensuelles en ligne faites entre l'hôte et les participants. L'avantage de ce format se situe à bien des niveaux, notamment sur le plan logistique car il devient inutile de prévoir un lieu de rencontre puis, sur le plan marketing puisqu'on peut également cibler plus large.

8. Événements (conférences, retraites, séminaires)

Les événements du type conférences, séminaires ou encore retraites, sont d'excellents formats pour donner l'occasion à votre audience de vous voir et de les sensibiliser à ce que vous faites. Ces formats peuvent aller des rencontres de quelques heures à quelques jours, temps de rassemblement permettant à vos clients d'aller plus loin dans leur processus de résolution d'une problématique.

Ces événements restent assez onéreux d'un point de vue logistique, ce qui signifie qu'avant de les planifier, vous devez avoir posé une stratégie claire et des objectifs précis.

Une alternative à la conférence ou au séminaire est le webinaire. Souvent proposé gratuitement en échange d'une demande d'inscription pour réserver sa place, le webinaire vous permet de présenter votre offre, de répondre aux questions de vos futurs clients comme lors d'un séminaire ; la différence, c'est que vous le faites depuis le confort de votre salon puisque cela se fait par Internet via des plateformes comme Zoomus ou Uberconference que j'ai eu l'occasion de citer plus haut.

Si vous débutez, je vous recommande d'organiser autant de webinaires que possible afin de vous entraîner, de vous familiariser avec votre audience et de vous positionner sur votre marché.

9. Produits physiques

Ce que j'entends par « produits physiques », notamment dans le business en ligne via le blogging, sont des éléments accessibles, faciles à expédier et qui généralement, vous positionnent en expert sur votre marché.

Par exemple les livres experts, les jeux de cartes spécialement développés sur votre thématique… sont autant de produits physiques, généralement dits produits d'appel car ils coûtent quelques euros à l'achat, sont pratiques, permettent à votre audience de passer à l'action rapidement. Leur contenu répond de façon synthétique à la solution que recherche votre cible. Ce type de format doit être associé à un autre format car sa faible valeur monétaire ne garantit pas un revenu régulier confortable.

10. Consulting / Done for you

Vous êtes un véritable expert dans votre domaine. Des professionnels ou aspirants entrepreneurs font appel à vos services pour les accompagner dans le développement de leur entreprise quel que soit le niveau (création et positionnement de marque, stratégies marketing et commerciale, mise en place d'une charte et d'un planning éditorial...). Généralement, le consulting fonctionne de façon privée entre le consultant et son client.

Vous devez définir en amont, avec votre client, ses attentes, ses objectifs et bien entendu, fixer un cadre.
L'avantage de ce format est qu'il est déclinable, c'est-à-dire qu'il peut aller d'une consultation stratégique de quelques minutes à l'implémentation de toute une stratégie marketing étalée sur plusieurs mois. C'est ce que l'on appelle le Done for you.

Ce format est un produit « High Ticket », qui peut être facturé plusieurs milliers d'euros.

Étape 8 : Créez votre tunnel de vente

1. À quoi sert un tunnel de vente ?

L'objectif d'un tunnel de vente est de transformer les visiteurs de votre site en ambassadeurs de vos produits et de votre marque.

C'est le moyen le plus rapide que je connaisse pour parvenir à vos objectifs ! Il permet à votre avatar de découvrir votre offre et de le fidéliser.

Ce que l'on entend par tunnel de vente ou funnel (en anglais), c'est le chemin que va parcourir un visiteur depuis la découverte de vos produits et services, jusqu'à la réception de ses achats. Cela fonctionne comme un entonnoir, d'ailleurs vous entendrez parler des termes « entonnoir de conversion » ou « entonnoir de vente ».

Votre tunnel de vente débute... par l'acquisition d'un trafic. Le trafic correspond aux visiteurs de votre blog. Ces visiteurs, avant qu'ils ne deviennent ambassadeurs, vont se transformer en prospects puis en clients, clients fidèles.

Schéma de l'objectif du tunnel de vente

2. Les avantages du tunnel de vente

Je ne peux compter les avantages du tunnel de vente tellement ils sont nombreux ! Toutefois, si je devais en sélectionner trois je dirais qu'un tunnel de vente :

- Est facile à mettre en place,
- Offre une meilleure optimisation qu'un site classique quand on veut augmenter le taux de conversion des visiteurs,
- Grâce à de nombreux outils marketing intégrés, il devient facile d'augmenter de façon significative son panier moyen et son chiffre d'affaires.

Voyons en détails les étapes du tunnel de vente.

3. Créez votre tunnel de vente

Il existe de nombreux logiciels pour créer son tunnel de vente. Personnellement, j'ai recouru à plusieurs d'entre eux et je retiens Systemeio, un logiciel francophone accessible à tous les budgets au regard des fonctionnalités qu'il propose. Systemeio a été entièrement pensé et créé par Aurélien Amacker dont le livre, Je gagne ma vie avec mon blog, s'est placé en numéro un des ventes sur Amazon au moment de sa sortie.

Il est important de comprendre qu'il existe autant de tunnels de vente que de formats de produits voire plus ! Toutefois, on peut grouper les tunnels en deux grandes catégories.

On distingue les tunnels de vente simples et les tunnels de vente complexes, plus élaborés. En voici des exemples concrétisés par leurs étapes :

Tunnel de Vente simple

- Page de vente
- Bon de commande
- Page de confirmation/remerciement
- Livraison du produit

Tunnel de Vente élaboré

- Contenu gratuit
- Page de capture
- Séquence d'e-mail marketing
- Page de vente
- Bon de commande avec order bump

- Vente additionnelle upsell (optionnel)
- Vente additionnelle downsell (optionnel)
- Page de confirmation/remerciement

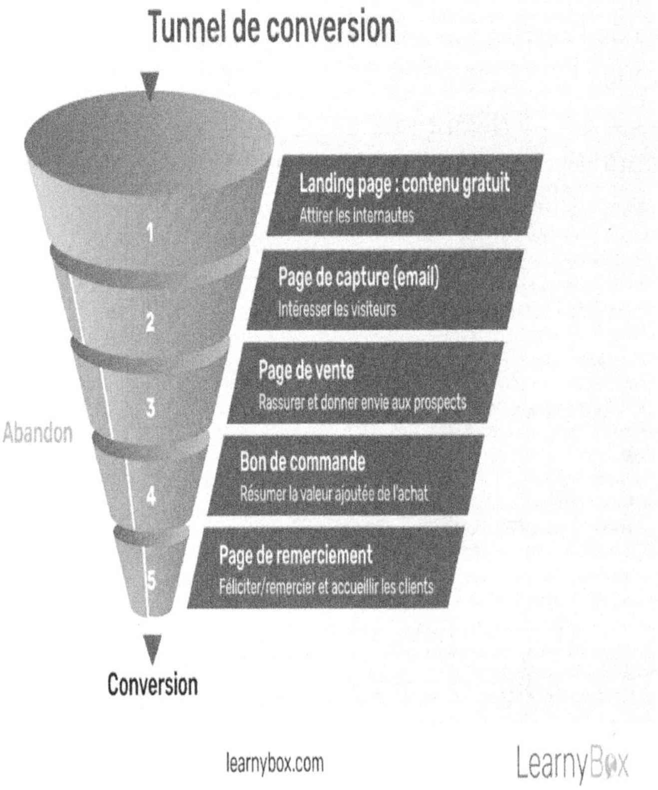

Schéma Tunnel de conversion (LearnyBox)

Que vous choisissiez une version simple ou plus élaborée pour votre tunnel de vente, le point essentiel que vous devez garder à l'esprit est qu'il vous faudra faire venir du monde dans ce tunnel !

En clair, il vous faut du trafic car sans cela, vous mettrez sur pied un tunnel qui ne générera aucun revenu.

Avant de passer à la phase de construction de votre tunnel de vente, voyons comment obtenir du trafic pour l'alimenter.

4. Obtenez du trafic

Pour être clair, le trafic équivaut à votre cible. On parle du volume de personnes qui s'intéresse de près ou de loin à ce que vous produisez.

Il existe de nombreuses sources potentielles de trafic alors, pour capter ce trafic, multipliez leur usage grâce à Internet !

a) Les réseaux sociaux

Privés ou professionnels, les réseaux sociaux sont d'excellentes solutions pour augmenter son trafic.

Il suffit de publier régulièrement du contenu sur des Pages et groupes Facebook, sur Pinterest, ou encore sur vos comptes Twitter, Instagram ou encore LinkedIn.

b) Marketing de contenu

Vous pouvez créer du contenu et le proposer :

- Sous forme d'articles directement sur votre blog,
- En vidéo sur votre chaîne YouTube,
- Au format audio (podcasts),
- Ou encore des webinaires.

c) L'affiliation

Vous pouvez également créer des partenariats d'affiliation pour la promotion de votre tunnel en faisant appel à des personnes ayant généré des communautés importantes en échange d'une commission sur chaque vente.

d) La publicité

Et enfin, vous pouvez utiliser la publicité sur les

réseaux comme Facebook, Instagram, LinkedIn, Youtube ou Twitter mais aussi, sur Google Adwords.

Toutes ces solutions vous permettent de constituer une liste de prospects qualifiés intéressés par ce que vous proposez.

Comprenez qu'une liste se construit sur des mois voire sur des années si vous optez pour de l'acquisition gratuite. En revanche, pour ce qui est de la solution payante, elle prendra moins de temps. On parle ici d'une véritable activité à laquelle il vous faut consacrer du temps ou de l'argent sinon les deux, si vous voulez que votre tunnel produise son effet.

5. La page de capture

Vous trouverez plusieurs noms pour définir la page de capture (« squeeze page » ou encore « landing page »).

Lorsque vous avez généré du trafic, il vous faut le capter et transformer les personnes qui vous visitent en prospects qualifiés ; c'est là qu'intervient la page de capture. Elle sert à capturer, d'où son nom bien sûr, les coordonnées des prospects intéressés par ce que vous faites, après quoi, à vous d'en constituer une liste !

Après avoir passé en revue toutes les caractéristiques de votre avatar (si vous ne l'avez pas encore fait, je vous invite à vous rendre au chapitre 5), vous pourrez l'aider en lui apportant un début de solution à sa problématique grâce à votre contenu gratuit.

Votre page de capture peut avoir deux formats. Les deux sont très répandus alors testez-les et voyez ce qui marche le mieux pour vous, c'est-à-dire ce qui convertit le plus de visiteurs en prospects.

La première forme est la « page statique » et la seconde est la « fenêtre dynamique » autrement appelée fenêtre « pop-up ». Quoi qu'il en soit, l'une ou l'autre de ces solutions incite le prospect à vous laisser ses coordonnées. Pour ce faire, vos pages doivent contenir les éléments suivants :

- Une accroche (ou titre accrocheur) avec la promesse que vous faites – cela doit correspondre au contenu que vous offrez,
- Un sous-titre ou une liste d'arguments qui détaillent ce que l'on retrouve dans votre offre,
- Un visuel captivant,
- Un champ de capture pour l'adresse e-mail,
- Un ou plusieurs autres champs optionnels pour le prénom, le nom et le numéro de téléphone,
- Un bouton d'appel à l'action (CTA - Call To Action) pour valider le formulaire.

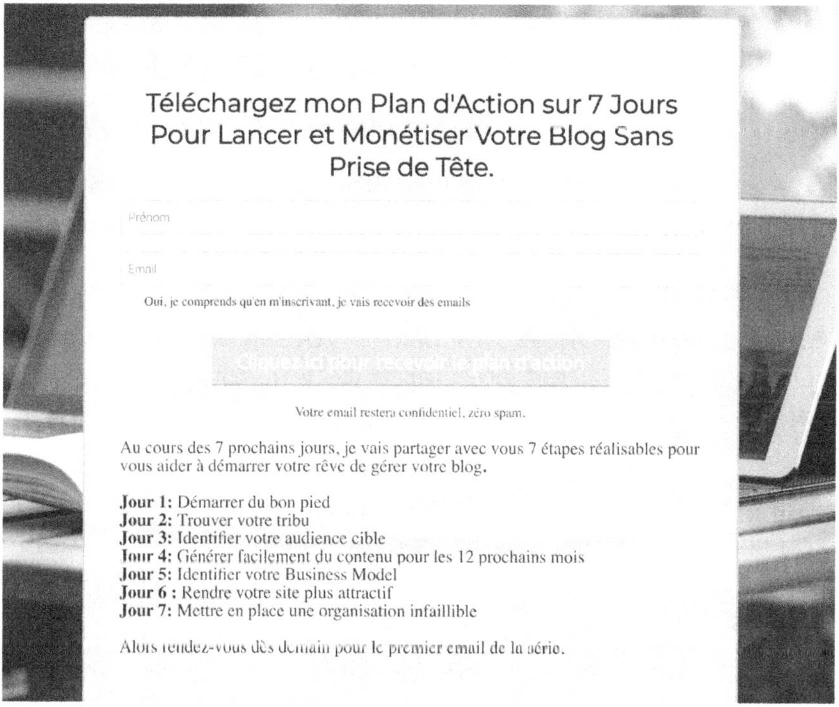

Exemple de page de capture

6. La page de vente

Vous voilà maintenant avec un pourcentage de visiteurs inscrits à votre liste grâce à votre page de capture ! Vous avez des prospects qualifiés issus des nombreuses sources de trafic que vous avez identifiées...

En adhérant à votre liste, vos prospects confirment qu'ils vivent avec ce problème que vous avez identifié et qu'ils sont à la recherche d'une solution. Ont-ils décidé de résoudre ce problème aujourd'hui ? La semaine prochaine ? Le mois prochain ? Vous n'en savez rien. Dans le doute, il est préférable de leur soumettre votre offre.

Ainsi vous aurez deux profils dans votre liste, ceux qui demeurent prospects qualifiés et ceux qui deviennent clients. Les prospects recevront malgré tout des mails pour mieux comprendre votre offre, peut-être ont-ils besoin de plus de temps.

Il existe deux versions possible de page de vente :

Version avec vidéo

- Une accroche avec une promesse forte,
- Une vidéo explicative (description de l'offre),
- Un bouton d'appel à l'action.

Version avec texte

- Une accroche (ou titre),
- Les puces promesses,
- Une description de l'offre,
- Des témoignages,
- Un bouton d'appel à l'action.

À savoir que les deux versions peuvent être combinées ! Pour un même produit, vous pouvez utiliser les deux formats et observer laquelle de ces versions convertit le mieux vos prospects en clients.

Si vous débutez dans l'univers du business en ligne, je vous encourage à utiliser un générateur de contenu qui va structurer vos textes et scripts marketing.

Scannez ce QRCode et découvrez un exemple de page de vente !

7. Le bon de commande

Le bon de commande, c'est ce qui se « cache » derrière le bouton d'appel à l'action de votre page de vente. Votre prospect est emballé par le contenu de votre page de vente, il se décide à poursuivre en cliquant sur le lien. Là, il débouche sur le « bon de commande » mais rien n'est encore confirmé de son point de vue.

En plus de lui demander de valider son achat, votre bon de commande doit rassurer votre futur client quant à la décision capitale qu'il vient de prendre. Pour cela, faites un récapitulatif des avantages et des bonus auxquels il aura accès.

Pour qu'il convertisse au maximum, votre bon de commande devra présenter les éléments suivants :

- Un récapitulatif de la commande,
- Les avantages et bonus,
- Les champs de saisie des coordonnées et du paiement,
- Des témoignages clients,
- Un délai de validité de l'offre.

Le bon de commande peut se présenter d'un seul bloc avec tous les éléments sur la même page ou en deux parties, comme vous le verrez dans l'exemple ci-après.

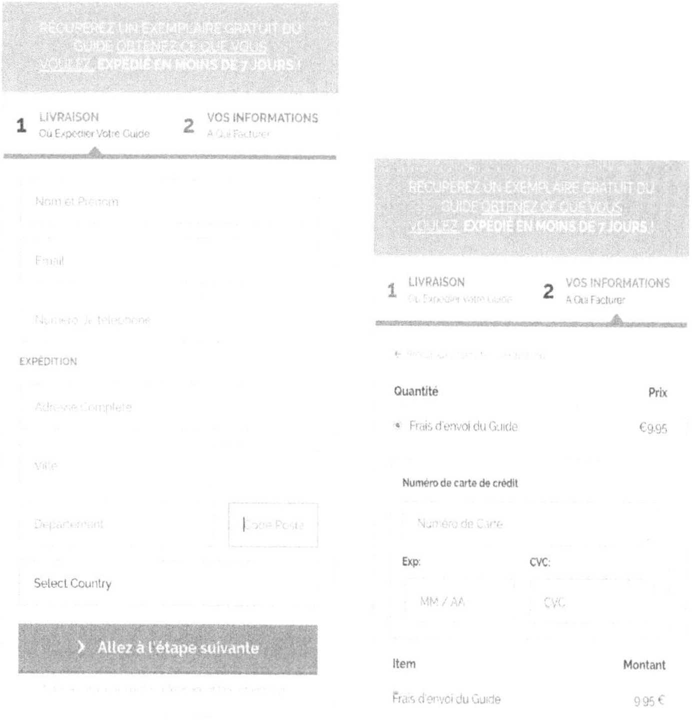

Exemple de bon de commande en deux parties

Grâce au bon de commande, il vous est également possible de réaliser un cross-sells (une vente croisée ou « order bump »).

Généralement, elle se matérialise sous la forme d'un petit encart sur fond jaune qui présente une offre irrésistible. Il n'y à qu'une case à cocher pour ajouter automatiquement un produit à la commande.

Oui, Je Veux Mieux Gérer Les Finances de Mon Foyer

OFFRE SPECIALE PROMO - 80%(Seulement 39€): Budget et Finances pour Familles Débordées. C'est exactement ce dont vous avez besoin pour prédire vos rentrées d'argent à l'euro près pour les 6, 12, voire 18 prochains mois ET organisez vos prochaines vacances! Dans ce programme, vous apprendrez à éliminer l'accumulation de factures, à garder vos finances sous contrôle et à anticiper facilement les éventuels imprévus. CE QUE VOUS ALLEZ RECEVOIR pour seulement 39€ : Le lien vers la feuille de calcul Google contenant toutes les instructions importantes: une vidéo de 23 minutes vous expliquant comment configurer votre feuille de calcul et l'utiliser tous les mois. Une feuille d'instructions détaillant exactement comment utiliser la feuille de calcul: 6 onglets pour suivre facilement vos dépenses mensuelles et annuelles, projeter votre trésorerie, des instantanés mensuels de vos revenus et dépenses, un contrôle du relevé de compte et un suivi de connexion

Exemple d'order bump

8. La vente complémentaire additionnelle ou vente de rattrapage

La vente complémentaire ou additionnelle ou encore « upsell » est souvent négligée car, à trop vouloir se concentrer sur la promotion de l'offre initiale, on en oublie qu'un pourcentage non négligeable de clients pourrait vouloir d'un upsell leur permettant d'aller plus loin dans la résolution de leur problématique !

Si votre prospect qualifié arrive à ce stade de votre tunnel, c'est que vous venez de réaliser une vente. Alors félicitations ! Et devinez quoi ? Le meilleur moment pour réaliser une vente... c'est lorsque le client est déjà en plein achat. N'avez-vous jamais remarqué, lorsque vous faites vos courses, que certains articles comme les piles, des gadgets ou encore, des friandises... se trouvent au niveau des caisses ? Ces produits se trouvent là pour une bonne raison, pour que vous les achetiez ou que vos enfants réussissent à vous convaincre de les prendre en attendant votre tour en caisse !

Du côté de votre Tunnel de Vente, c'est à peu près la même chose. Vous devez vous demander ce que serait le complément idéal de votre offre initiale, qui séduira votre client. Il peut se présenter sous différentes formes, l'objectif demeure le même : offrir la possibilité de proposer plus à vos clients.

a) Upsell

L'upsell est donc une vente additionnelle ou vente complémentaire, proposée à un tarif supérieur à celui de l'offre initiale. Supposons que l'offre initiale soit une formation, votre upsell pourrait être une accompagnement privé pour permettre à votre client d'implémenter plus rapidement ce qu'il apprendra au cours de la formation.

b) Downsell

On l'appelle aussi la vente de rattrapage. Comme l'upsell, le downsell est une vente complémentaire à la vente initiale. La différence est que son tarif est inférieur à celui de l'upsell.

Si l'on reste dans l'idée que le produit initial est une formation, que l'upsell est un accompagnement privé, le downsell peut alors être un accès gratuit et temporaire à un site membre privé pour permettre à votre client de découvrir un échantillon de vos autres services...

Là encore, il s'agit d'un exemple.

9. La page de confirmation

Jusqu'au bout, vous devez fournir à votre client une qualité de service irréprochable et constante.

La page de confirmation sert, dans un premier temps, à confirmer à votre client que vous avez bien pris en compte sa commande. Profitez de cette étape pour lui dire ce qui va se passer à présent que sa commande est validée. Va-t-il recevoir des mails, des informations complémentaires ? Félicitez-le d'être passé à l'action et invitez-le à vous rejoindre sur les réseaux sociaux ou au sein d'un groupe privé pour découvrir votre univers et rencontrer d'autres membres.

10. Créez un site membre

Le site membre est un espace privilégié en ligne, donnant à vos clients l'accès à sa commande surtout s'il s'agit d'un produit numérique (formation, ebook, podcast...) ; il lui permet également de découvrir les autres produits de votre catalogue.

Grâce à cet espace, vos clients ont également accès à vous et votre équipe, vous créez ainsi une dynamique au sein de votre réseau, augmentant par là la qualité de l'expérience client et diminuant le taux d'insatisfaction.

En créant ce lien avec vos clients, vous les fidélisez et les impliquez dans le processus de développement de vos produits.

11. De quoi avez-vous besoin ?

Et voilà ! Je vous ai fourni les principales étapes pour mettre en place votre tunnel de vente. À présent que vous les connaissez, vous avez besoin de passer à l'action et d'implémenter ces informations.

Quand j'ai débuté il y a une dizaine d'années, il ne fallait pas moins de six ou sept outils pour réaliser tout un tunnel complet. De nos jours, il existe des plateformes qui les regroupent tous :

- L'hébergement des pages de votre tunnel,
- L'hébergement de votre site membre,
- Les e-mails marketing,
- Les programmes d'affiliation,
- Le système de paiement en ligne,
- La livraison de l'offre.

Voici une liste des plateformes les plus souvent utilisées. Vous pouvez vous faire votre idée en allant sur leur site :

- Clickfunnel (en anglais)
- Systemeio (en français)
- Learnybox (en français)

Étape 9 : Créez le bon contenu

Au cours de l'étape précédente, vous avez appris à construire votre marque. Vous connaissez maintenant votre pourquoi. Qu'il soit relié à une douleur ou à un plaisir, ce pourquoi doit être suffisamment intense pour vous permettre de vous y attacher lorsque vous avez le sentiment de perdre le contrôle de votre projet – chose qui pourrait arriver par moments !

Dans l'étape qui vient, on ne passera pas par quatre chemins mais plutôt par trois et vous allez comprendre pourquoi.

Quand on se lance sur Internet et que l'on veut développer son audience, augmenter ses ventes, le nerf de la guerre... c'est le contenu. Il n'y a pas de secret à ce sujet. Les blogs que vous suivez, les chaînes auxquelles vous êtes abonnée, les podcasts que vous écoutez ont tous un point en commun – auquel on ne pense pas tant il est basique : le contenu. Le contenu de ces supports est essentiel. Un contenu suffisamment fort et qualitatif pour vous captiver et vous inciter à revenir ! Précisons, ce que j'entends par « contenu », c'est tout ce qui se présente sous la forme d'un texte, d'un support audio ou d'un support vidéo.

J'ai pris conscience de l'importance du contenu donc, de l'importance de sa qualité, en 2012, alors que je tentais tant bien que mal de faire vivre mon site de e-commerce dédié aux soins capillaires. Cela faisait trois ans que ledit site était lancé et, en dépit des efforts que je fournissais, je rencontrais les plus grosses difficultés à dégager l'équivalent d'un SMIC. Je me suis alors décidée à observer la manière dont s'y prenaient mes concurrents ; la différence la plus flagrante que j'aie trouvée entre eux et moi était que la plupart de ceux qui réussissaient tenaient un blog.

À cette période, je m'étais opposée à l'idée d'avoir un blog à mon tour car je me disais qu'il me manquerait du temps et de l'inspiration pour l'alimenter. Les jours passant, je me suis finalement laissée convaincre que c'était peut-être la solution et qu'avec un blog, je parviendrais enfin à faire décoller les ventes mais je me suis vite rendue compte que tenir un blog était au-dessus de mes capacités ! Non pas que je ne savais pas écrire mais je n'avais aucune idée de la marche à suivre ; j'avais pensé qu'il me suffirait de parler de mon entreprise et des quelques références que je vendais pour que ça marche. Je n'avais aucune structure, aucune idée de la direction à prendre, j'avais envie de laisser tomber. Rédiger un seul article me prenait des journées entières et bientôt, je n'avais plus aucune motivation pour ce qui était d'animer ce blog.

Après avoir fait en sorte, laborieusement, de publier mes trois premiers articles, j'ai laissé le blog à l'abandon durant près de six mois. Les ventes étaient toujours au plus bas sur le site. Je pris donc la décision de recruter une stagiaire, issue d'une école de commerce et qui avait une appétence pour l'écriture.

Durant son stage, ma collaboratrice s'est concentrée sur le développement du trafic du blog et a rédigé une demi-douzaine d'articles. Au bout de quelques mois, ces écrits étaient si bien référencés sur les moteurs de recherche que le trafic sur le blog devenait significatif. Un des articles a rencontré un tel succès qu'un blog de type webzine (un magazine en ligne), possédant bien plus de moyens, d'ancienneté et de trafic que le mien, a « récupéré » l'article pour l'afficher sur son site. On aurait pu croire que c'était un honneur, n'est-ce pas ? En réalité, ça ne l'était pas car la source n'était pas citée ! C'était tellement frustrant de voir cet article, partagé par des centaines de personnes, recueillir autant de commentaires sans que les lecteurs n'en connaissent l'origine véritable ! Nous avons envoyé plusieurs mails au service de rédaction de ce blog, à la suite de quoi, enfin, ils ont consenti à indiquer l'origine de l'article sur leur site mais autant dire que le mal était fait...

À l'issue du départ de la stagiaire, je n'ai pas immédiatement repris la main sur le blog de sorte qu'il est resté en friche pendant environ quatre mois. Je

n'avais toujours pas d'inspiration et l'incident avec le webzine m'avait pas mal refroidie. Puis, mon mari m'a soumis une idée que je trouvais un peu dingue à l'époque (je trouvais cette idée totalement dingue, en fait), qui consistait à faire rédiger 400 articles par des rédacteurs en freelance. L'objectif était d'avoir un rythme de publication d'un article tous les deux jours, ce qui me laisserait du temps pour mettre en place une stratégie d'acquisition de trafic grâce au contenu.
Après tout, pourquoi pas ? Ne dit-on pas aux grands maux, les grands remèdes ? En fin de compte, c'était une idée de génie parce qu'en peu de temps le blog est passé de 300 visiteurs uniques par jour à 3000 visiteurs par jour. C'était il y a 6 ans.

Tout cela pour vous faire comprendre que le contenu est primordial si vous voulez être visible sur Internet. Si vous n'êtes pas prête à vous investir dans la création de contenu, vous resterez invisible, vous n'impacterez pas votre audience, vous ne parviendrez pas à partager votre savoir.

À présent que vous saisissez l'importance d'avoir du contenu sur votre site, il vous faut savoir qu'il existe trois types de contenu. Nous allons les passer en revue et les étudier en détail :

- Le contenu gratuit,
- Le contenu payant,
- Le contenu pour vendre.

...pour cette raison, je vous disais que nous allons y aller par trois chemins !

1. Le contenu gratuit

Le contenu gratuit, c'est tout ce que vous allez offrir à votre audience ou mettre à disposition gratuitement sur les réseaux sociaux, sur Youtube ou sur votre blog. Il peut-être présenté sur des supports très variés que je détaillerai dans les prochaines lignes.

Ce contenu gratuit a deux objectifs principaux. Le premier est de faire découvrir votre univers aux personnes qui ne vous connaissent pas encore et de conforter ceux qui vous connaissent déjà dans l'idée que ce que vous faites est génial. Le deuxième objectif est d'inviter ces personnes à vous laisser leurs coordonnées dans le but de leur proposer des solutions adaptées aux problématiques qu'elles rencontrent.

Imaginons que vous teniez un blog (c'est aussi

valable pour une chaîne Youtube, une page sur Facebook, un compte Instagram), comment feriez-vous pour vous adresser à ces personnes en direct, à celles qui vous découvrent et aiment ce que vous faites ? Comment pensez-vous leur proposer des solutions justes aux problématiques qu'elles rencontrent ? Enfin comment pensez-vous transformer ces prospects en clients ?

Le seul moyen légal que j'aie identifié à ce jour est de demander à ces personnes de vous fournir leurs coordonnées mais pour cela, vous devez leur offrir quelque chose en échange.

a) Quoi offrir comme contenu gratuit ?

Ce contenu gratuit que l'on offre en échange de l'adresse e-mail ou du numéro de téléphone d'un client potentiel s'appelle le « lead magnet » ou « aimant à prospects » en français.

Les aimants à prospects offrent très souvent un contenu numérique téléchargeable tel qu'une check-list au format PDF, un rapport, un livre numérique, un livre blanc, une vidéo, un contenu audio, etc. Si vous voulez générer des prospects depuis votre business en ligne, vous avez besoin de cet outil. Une adresse e-mail ou un numéro de téléphone sont des choses très personnelles et personne ne vous les fournira sans obtenir quelque chose en échange, quand bien même vous êtes sympa et que votre marque est géniale !

b) Où publier vos contenus gratuits ?

Vos contenus au format vidéo peuvent être postés sur de nombreux supports, toutefois, dans le cadre dans lequel nous nous trouvons de création de business rentable grâce à Internet, je vais citer les principales plateformes qui le permettent ; vous pouvez poster vos contenus audio gratuits sur les réseaux sociaux Facebook, Instagram ou LinkedIn, sur des plateformes comme Youtube ou Vimeo et bien entendu, sur votre blog ou dans votre tunnel de vente.

Votre contenu audio peut être téléchargé sur des plateformes de podcast comme SoundCloud ou Itunes.

Et vos textes, en fonction de leur longueur, peuvent être livrés sous la forme d'articles sur votre blog ou paraître sur Facebook.

2. Le contenu payant

Le contenu payant correspond à tout ce que vous allez offrir à vos clients en échange d'un paiement.

Ce contenu doit être de qualité, apporter des informations que votre audience ne trouvera pas ailleurs sur Youtube ou sur d'autres plateformes d'accès gratuit. Détaillez les choses au maximum, apportez de la valeur à ce que vous faites, vos clients le sentiront et le verront.

Rappelez-vous, nous avons abordé la questions des différents types de formats de produits au chapitre précédent. Il est préférable de présenter le contenu payant au format vidéo ou audio. Si vous décidez de privilégier l'écrit, produisez alors quelque chose de qualité, qui soit conséquent.

Dans l'étape 7, nous avons passé en revue les différents type de contenu payant que vous pouvez développer pour vos clients.

3. Le contenu pour vendre

Le contenu pour vendre correspond au copywriting ou encore, à tous les textes de vente marketing qu'il faudra créer pour vendre vos produits ; il peut être présenté à l'écrit, à l'oral ou au format vidéo.

4. Créez du contenu de qualité facilement et rapidement

Le contenu en soi, comme nous l'avons vu, peut être du texte, une vidéo ou un contenu audio. Souvent, quand on débute une activité, on a des idées plein la tête ; l'excitation est à son maximum car vous venez de créer votre marque, vous avez pensé et structuré votre offre, votre tunnel de vente est prêt mais... on bloque sur la création du contenu ! Vous savez, CE contenu de qualité qu'on ne risque pas de trouver, déjà posté, déjà populaire, sur Youtube...

Soit par manque d'inspiration, soit par défaut de structure, vous pouvez être confrontée au syndrome de la page blanche. Pour vous éviter de vous retrouver dans cette situation, je vais partager avec vous mes deux bottes secrètes, auxquelles je recours régulièrement pour accroître la qualité et la quantité de contenu sur mon site.

Ma première botte secrète, c'est un jeu de cartes, intitulé La Pioche, qui facilite énormément la création de contenu. Ça peut paraître surprenant d'utiliser un jeu de carte dans une optique comme la nôtre mais ce jeu-ci est différent de tous ceux que vous pouvez connaître. Chacune des cartes possède sa propre idée de structure, ce qui fait qu'en fin de compte, en les combinant, l'on se retrouve avec cinquante-deux structures d'idées de contenu unique ! Et comme il s'agit d'un véritable jeu de cartes, on peut également l'utiliser pour jouer des parties ou même, créer des défis avec d'autres infopreneurs.

Voici deux exemples, concrets, de ce à quoi ressemblent... ces fameuses cartes.

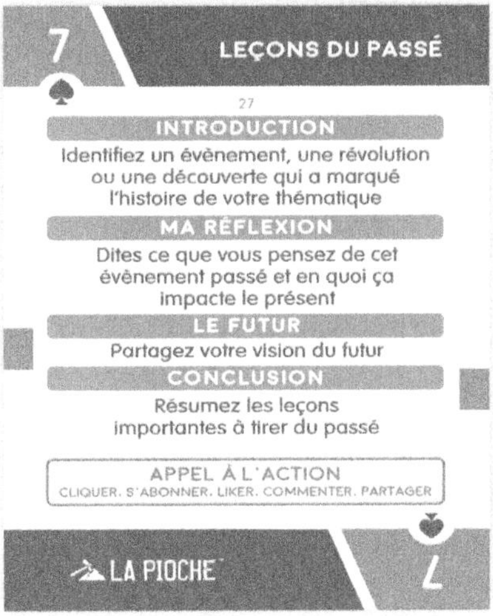

Comme vous pouvez le voir en examinant ces deux cartes, chacune d'entre elles propose une structure globalement constituée d'une introduction, de deux possibilités de développement et d'une conclusion. En suivant cette trame et les informations indiquées, il est possible de créer un contenu de qualité, cohérent et ordonné.

Cette solution permet de générer du contenu gratuit en quantité.

La deuxième botte secrète consiste à recourir à un logiciel de création de contenu qui, disons-le franchement, m'apporte une aide considérable, de sorte que je passe peu de temps sur la création de contenu gratuit et puis me focaliser sur les services que je propose.

J'ai réalisé cette vidéo de démo pour que vous puissiez voir comment fonctionne ce logiciel générateur de contenu : *Comment générer 300 idées de contenu pour les 12 prochains mois.* Découvrez-la sur le blog bossetmaman.com dans l'espace privé du livre Mompreneure et Couches-culottes.

Grâce à cette solution, je peux créer les trois types de contenu de façon cohérente sans avoir à me poser trop de questions.

Étape 10 : Créez votre blog

Et voilà, vous avez désormais à disposition toutes les bases pour créer une activité rentable grâce à Internet et vous êtes enfin prête à créer votre blog.

Vous voyez ces personnes progresser avec leur blog et vous voulez savoir comment en créer un sans y passer des heures. Si vous souhaitez créer un blog, ne vous inquiétez pas, c'est assez facile, rapide et vous n'avez pas besoin de maîtriser la technique. Croyez-moi ! Je ne m'y connais pas en technique et j'ai pu créer un blog grâce à SiteGround en moins de dix minutes !

Décomposons cela et commençons tout de suite.

Une chose à laquelle vous devez penser, lorsque vous prévoyez de lancer votre blog, c'est à ce que vous envisagez de publier, bien sûr. Cela peut être un vrai défi pour beaucoup de gens ! J'ai énormément bataillé au début mais si vous faites comme moi, une fois votre calendrier de publications réalisé, vous n'avez plus à vous soucier des thématiques au jour le jour et c'est vraiment très important.

Quand j'ai débuté, avec le blog Boss & Maman, j'avais dans l'idée d'écrire des articles et de réaliser des vidéos à l'intention des mamans qui veulent travailler en restant à la maison avec leurs tout-petits mais, au fil des mois, mon travail s'est vite orienté vers les femmes qui veulent développer une activité rentable grâce à Internet. Tout cela sans prise de tête ! Mon blog est principalement là pour éclairer mon audience quant à la manière de lancer un blog, de le faire évoluer et de générer des revenus.

1. Choisissez une plateforme de blogs

Le site Boss & Maman est un blog hébergé par la plateforme WordPress.org et, bien qu'il existe d'autres plateformes de blogs parmi lesquelles choisir, dans l'intérêt de ce tutoriel, je vous expliquerai comment créer un blog WordPress.org.

Un blog WordPress.org nécessite un hébergement et je vais vous expliquer comment configurer votre hébergement à l'aide de SiteGround.

Je recommande de commencer un blog avec WordPress pour les raisons suivantes :

- La plupart des sites sont des sites WordPress (même celui de Beyoncé !),
- Vous disposez grâce à cette plateforme d'un nombre presque infini d'options pour personnaliser votre site avec des plugins WordPress et des milliers de thèmes parmi lesquels choisir (gratuits ou payants) pour donner

à votre blog l'allure que vous souhaitez,

- Il existe de nombreuses ressources pour vous aider à bien faire les choses avec et sur votre blog WordPress. Des vidéos sur YouTube, des articles de blog et des forums WordPress – sans parler de moi ! – autant de sources et de ressources inspirantes qui vous aideront à tirer le meilleur de l'exploitation de votre blog.

2. Choisissez un nom de domaine

Il s'agit d'une étape amusante que celle de choisir son nom de domaine car vous devrez faire appel à toute votre créativité.

Le nom de domaine d'un site, c'est ce que vous tapez dans la barre d'adresse de votre navigateur lorsque vous savez ce que vous recherchez; il s'agit d'une adresse construite sur ce modèle : http://nomdevotreblog.com

Il est temps pour vous de donner un nom à votre site Internet. Comment allez-vous nommer votre blog ? Pour commencer, il est toujours mieux de rappeler votre niche dans ce nom. Cependant, si vous jetez un coup d'œil au nom de mon blog – Boss & Maman – ce titre ne crie pas : « J'aide les mères à devenir chefs de famille ! ».

On devine simplement le lien fait avec les mamans et le business !

Vous n'avez pas besoin de passer des jours à réfléchir au nom parfait. Assurez-vous cependant d'avoir quelques variantes au cas où le .com ou .fr que vous allez choisir seraient déjà pris.

Je suggère également d'essayer d'obtenir un .com (si vous vous adressez à toute la francophonie) ou .fr (si votre cible est principalement en France) car c'est plus courant et plus facile à retenir.

Commencez par dresser une liste des noms que vous aimez. Assurez-vous que votre nom de domaine soit simple, court, facile à épeler et qu'il corresponde bien à votre marque. Pour faire simple, votre enfant doit pouvoir s'en souvenir et en parler à la cour de récré. Ma fille de six ans parle souvent de mon blog à ses copines !

Voici quelques exemples de noms de blogs qui parlent d'eux-mêmes :

- Le blog de Maman Plume,
- Audrey cuisine,
- My kid is happy,
- La maison des filles,
- Maman Unique,
- Maman s'organise…

À votre tour de choisir un nom de domaine !

Lorsque c'est fait, il vous faut le réserver sur des sites comme OVH ou IONOS.

Je recommande toujours de prendre son nom de domaine à part. Vous avez ainsi la garantie de demeurer propriétaire de votre nom.

3. Créez un blog avec SiteGround et WordPress

Lorsque j'ai commencé à travailler sur Boss & Maman, je voulais avoir affaire à un hébergeur Web sécurisé et fiable. En effectuant des recherches, j'en suis arrivée à sélectionner SiteGround. Au moment où j'écris ces lignes, c'est l'une des meilleures sociétés d'hébergement qui existent sur le marché, disposant d'un excellent rapport qualité-prix !

4. Pourquoi choisir SiteGround ?

Il y a beaucoup d'autres hébergeurs parmi lesquels choisir, alors pourquoi s'orienter vers SiteGround pour héberger votre blog ?

J'ai créé mon blog avec SiteGround pour trois raisons :

La première raison, c'est une disponibilité fiable à 99,99%. Incroyable ! Quand on se lance sur Internet, on a le désir de créer un blog qui génère du trafic, qui fonctionne de façon automatisée. Loin de nous l'idée d'un blog lent, qui multiplie les bugs, qui ne ne répond plus quand on s'en sert. Les enjeux sont conséquents face à ce type d'incidents car on perd des abonnés, des lecteurs et des clients potentiels. Avec un tel score, autant dire que SiteGround est vraiment disponible ! Si l'on ramène ce taux à une année, cela signifie que les hébergeurs n'ont été en panne que vingt minutes au total. Disons simplement que c'est un exploit avec lequel beaucoup d'autres hébergeurs ne peuvent pas rivaliser.

Votre blog ne sera pas en panne quand vous en aurez le plus besoin !

La deuxième raison est que SiteGround dispose d'un support disponible 24h/24 et 7j/7 pour répondre à toutes vos questions. Si vous rencontrez un problème, si vous avez des interrogations, vous n'avez pas besoin d'attendre plus d'une heure pour avoir une réponse. Le support technique de SiteGround répondra à vos questions à toute heure du jour et de la nuit et le fera rapidement.

Vous pouvez choisir de téléphoner ou de discuter en ligne avec l'équipe d'assistance technique.

Si vous êtes débordée, je vous recommande

l'option tchat car vous n'aurez pas besoin de rester devant l'écran pour reprendre la conversation.

Quant à la troisième raison, elle consiste en l'option « SuperCacher », proposée par SiteGround ; une option utile quand on a un fort trafic (cela peut arriver de façon progressive ou brutale). Imaginez que vous publiiez un article et que celui-ci rencontre un certain succès immédiat, l'affluence de visiteurs peut faire « planter » votre blog. C'est la raison pour laquelle il est nécessaire d'envisager ce genre de cas de figure dès la création du blog – ce que permet SiteGround.

Que votre blog soit visité par 5 personnes par jour ou par 500 personnes ou même, par 5 000 personnes par jour (je souhaite que cela vous arrive !), SuperCacher, l'option de SiteGround , est capable de gérer une boucle virale ou une augmentation de votre trafic .

L'option SuperCacher est disponible sur le plan GrowBig et GoGeek (que je recommande vivement) !

Vous constaterez en lançant votre blog et en recourant à SiteGround pour solution d'hébergement, que l'hébergeur propose de nombreuses fonctionnalités intéressantes.

Suivez ce rapide tutoriel et vous pourrez obtenir votre blog en seulement dix minutes !

Avant de commencer, j'attire votre attention sur le fait que la meilleure façon de suivre ce tutoriel est de le faire... en suivant les étapes que je vous indique.

Étape 1 : Choisissez votre plan

Rendez-vous sur le site de SiteGround (en cliquant sur le lien, vous bénéficiez d'une offre privilège).

SiteGround propose trois options : StartUp, GrowBig et GoGeek. Le plan le plus simple auquel recourir est évidemment le StartUp mais le plan que je recommande à celles qui veulent créer un blog sur WordPress, c'est toutefois GrowBig.

Si vous utilisez mon lien spécial, vous économiserez 60% sur le prix habituel !

Lorsque vous êtes sur la page de plan de SiteGround, survolez les liens en surbrillance pour voir exactement quelles sont les fonctionnalités de chaque plan.

Si vous voulez obtenir les meilleures performances pour votre site WordPress – ou si vous pensez créer plus d'un site Web (ce que vous ferez probablement car créer de nouveaux sites peut être addictif) – choisissez le plan GrowBig avec SuperCacher inclus. C'est le plan auquel je recours ; il est également très économique.

Il propose plus d'espace, de ressources, ainsi que des fonctionnalités haut de gamme. En ce qui concerne le support, SiteGround est connu pour son support rapide et extrêmement utile – toutefois, les plans GrowBig et GoGeek sont assortis d'une assistance prioritaire encore plus importante... qu'il faut garder à l'esprit si vous êtes débutante.

Peu de personne y pensent mais vous pouvez verrouiller le prix réduit spécial pendant plus d'un an ! Eh oui, c'est possible. Choisissez le terme de « 2 ans » ou de « 3 ans » pour réaliser de grosses économies dès le départ.

En plus, vous n'aurez pas à vous soucier d'une facture d'hébergement avant deux (ou trois) années !

Cliquez sur le bouton « Commander maintenant » pour n'importe lequel des plans sélectionné. Cela vous conduira à l'étape 2.

Étape 2 : Choisissez votre nom de domaine

Si vous n'avez pas encore acheté votre nom de domaine sur OVH ou IONOS, vous pouvez le faire via SiteGround mais cela vous coûtera un peu plus cher (à peine 5 euros de plus).

Rappelez-vous la liste que vous avez dressée des noms de sites potentiels. Votre nom de domaine, c'est ce dont les personnes se souviendront lorsqu'ils visiteront Pinterest, Instagram ou Facebook ; c'est aussi ce qui distinguera votre marque des autres. Ainsi, lorsque quelqu'un pense au nom de votre site, il doit représenter votre marque.

Boss & Maman est un nom de domaine

formidable (avant c'était « Maman Épanouie »). Depuis l'époque du lancement, j'ai changé de niche et décidé de parler davantage de business que de maternité.

Lorsque vous accédez à la page « Nom de domaine », vous pouvez utiliser votre nom de domaine existant ou en choisir un nouveau.

Entrez le nom de votre futur blog et SiteGround vérifiera s'il est disponible. Vous pouvez choisir votre extension de domaine comme .org, .com, .fr ou .net. mais, comme je l'ai déjà dit, je suggère fortement de s'en tenir à .fr ou .com car ils sont plus facile à mémoriser.

Si le nom de votre site est disponible, vous pouvez passer à l'étape 3.

Étape 3 : Les informations de votre compte

Remplissez les champs avec vos informations personnelles pour créer votre compte, ensuite, complétez vos informations de paiement et d'achat (assurez-vous de choisir la période de douze mois ou plus, afin d'obtenir la remise de 60% pour toute la période).

En bas de page se trouvent quelques services supplémentaires que vous pouvez choisir de conserver ou non. Ils sont assez explicites et si vous n'en avez pas besoin, vous économiserez quelques euros ! Puis arrive le montant total qui va dépendre de vos choix.

Sous le titre, assurez-vous de cocher la case

correspondant aux conditions d'utilisation puis, de cliquer sur « Payer maintenant ».

Félicitations ! Votre blog est désormais hébergé ! Facile comme bonjour, non ? Vous allez pouvoir installer WordPress et commencer à faire preuve de créativité avec votre nouveau blog.

Mais... attendez. Je vous ai dit que SiteGround a une équipe réactive et dynamique. Si vous êtes totalement novice en technologie, l'équipe technique de SiteGround peut configurer pour vous!

Tout ce que vous avez à faire, c'est d'aller sur « tchat live » et de parler à un représentant de SiteGround. Demandez-lui s'il est possible de configurer votre site WordPress et de vous communiquer vos informations de connexion... c'est tout ! Un quart d'heure plus tard environ, vous aurez accès à votre nouveau blog !

Étape 4 : Installez WordPress

Si vous voulez configurer WordPress par vous-même, vous pouvez le faire, c'est aussi facile !

Tout d'abord, rendez-vous dans l'onglet « Mes comptes » et cliquez sur « Aller à cPanel » (bouton rouge à gauche). Ensuite, cliquez sur « WordPress » dans la section des « Autoinstallaters automatiques ».

Cliquez sur le bouton bleu « Installer » .

Après l'installation, remplissez les informations présentes à l'écran :

- Choisissez un protocole – conservez-le, il s'agit généralement de : http: //,
- Choisissez un domaine – choisissez votre nom de domaine parmi les choix proposés dans le menu déroulant mais le premier choix que vous voyez est probablement celui que vous souhaitez,
- Dans le répertoire, laissez ce champ vide (à moins que vous ne sachiez quoi entrer),
- Nom du site – il s'agit du nom de votre site que vous avez choisi précédemment. Vous pourrez changer cela plus tard si vous le souhaitez,
- Description du site – vous pouvez entrer une brève description de votre site ou vous laisser ce champ vide. Encore une fois, vous pourrez modifier cela par la suite,
- Nom d'utilisateur Admin – ce sera le nom que vous utiliserez pour vous connecter à votre blog WordPress (ici, vous pouvez toujours entrer une adresse e-mail),
- Mot de passe de l'administrateur – il s'agit du mot de passe permettant d'accéder à votre backend WordPress, il s'agit du tableau de bord de votre blog. Choisissez un mot de passe puissant mais

facile à retenir. Je vous encourage à le noter et à le conserver précieusement.,

- Admin email – entrez votre adresse e-mail,
- Choisissez un thème – bien que vous puissiez installer votre thème directement dans SiteGround, je vous suggère de ne pas le faire tant que vous n'êtes pas dans le backend de votre blog WordPress. Vous pouvez choisir parmi de nombreux thèmes gratuits afin de trouver celui qui conviendra le mieux à votre marque !
- Cliquez sur « Installer » et... c'est parti !

À présent, vous pouvez vous connecter avec votre nom d'utilisateur (ou votre e-mail) et mot de passe !

Votre blog est créé !

Félicitations ! Si vous êtes arrivée à la fin de ce livre, c'est que vous êtes déterminée à changer de vie. Pour vous permettre d'aller plus loin, j'ai un cadeau.

Je vous invite à découvrir ma conférence en ligne sur le meilleur moyen de vous différencier de vos concurrents, de vous positionner en leader dans votre marché et de vous faire interviewer par des journalistes.

Rendez-vous sur :

www.bossetmaman.com/leader

Made in the USA
Monee, IL
05 November 2026

67375752R10094